程兆熊作品集
002

高山族中

臺灣宜蘭山地之行

程兆熊◎著

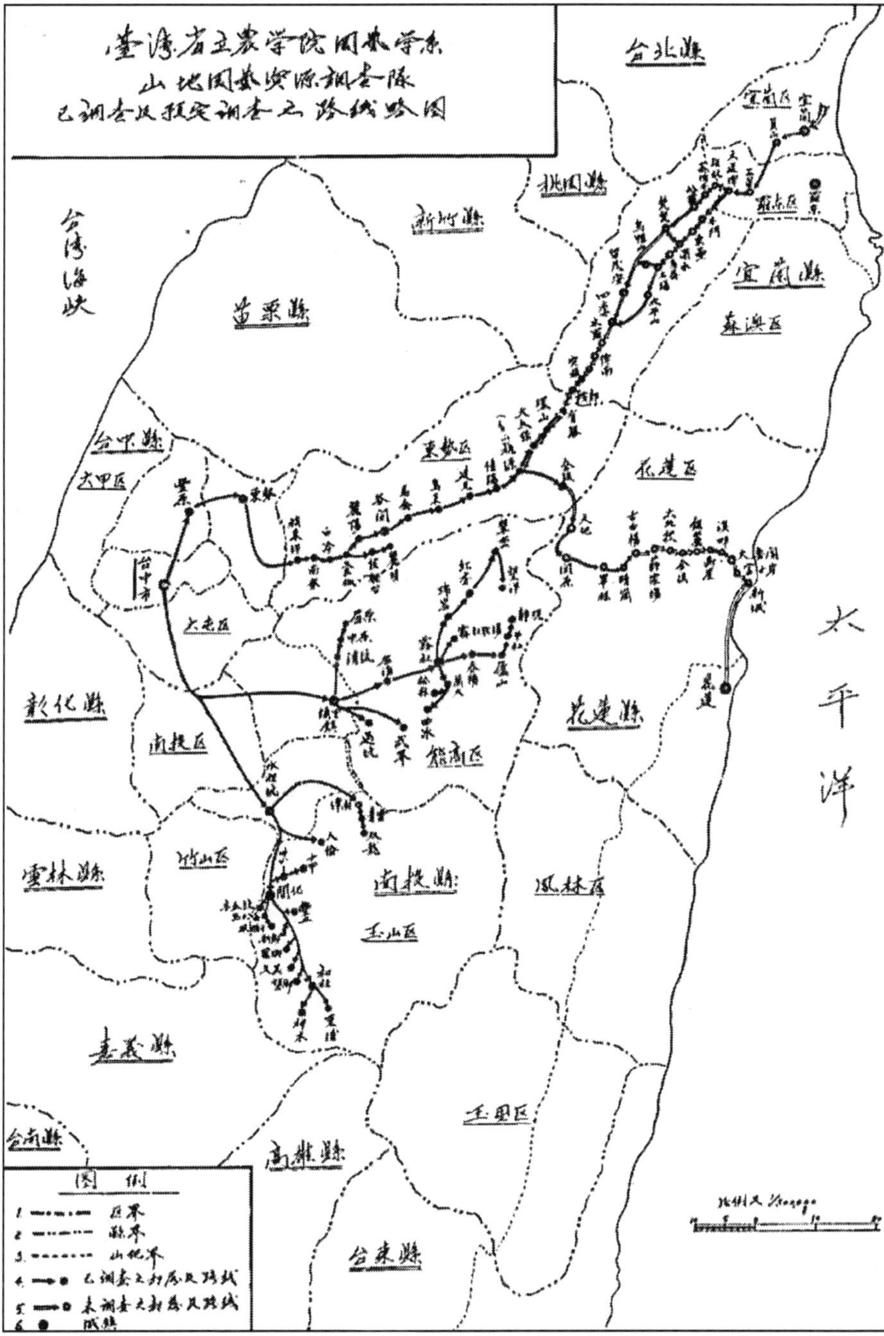

錄自 中國農村復興聯合委員會特刊第十六號 台灣省中部山地園藝資源調查報告

闢路開山

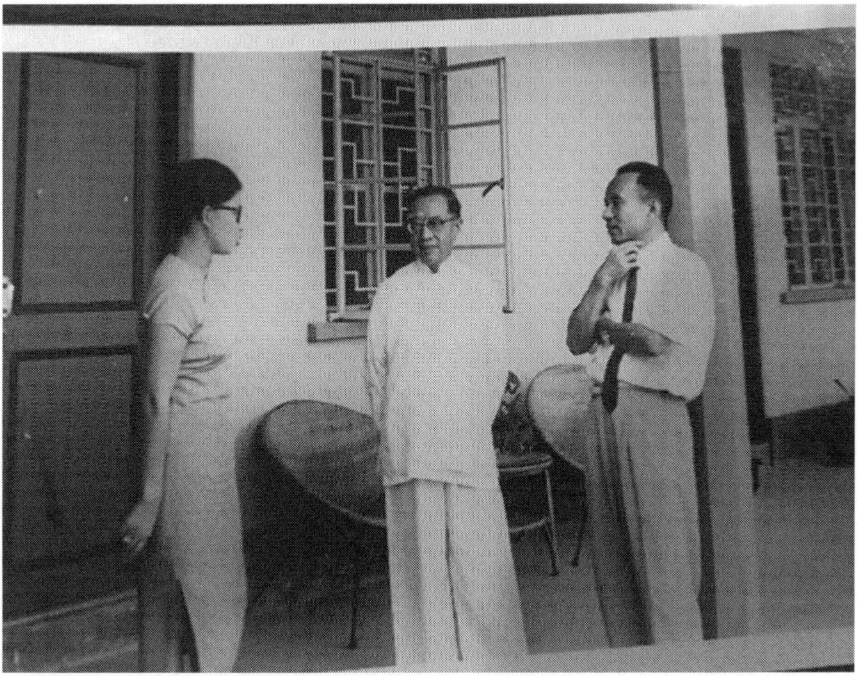

香港九龍沙田 錢邸 和錢穆夫婦閒話

香港時期 和唐君毅 謝幼偉於九龍沙田淨苑

程兆熊主持園藝系時.策劃山地園藝資源調查，入山前和山胞合影

程兆熊攝於台灣山地原始林巨樹下

程兆熊攜全家人從香港回到台灣，主持台中農學院園藝系，居台中忠義橫巷

前言

發現藏在臺灣山地裡的寶藏

環島旅行不只是生長在臺灣的每個人畢生想走上一趟的旅程，更是每一個外國旅者來臺旅遊的目標。這是可以依循呈東西橫向的臺灣三大橫貫公路：北橫、中橫與南橫公路的三橫，和中橫宜蘭支線、中橫霧社支線、新中橫公路與阿里山公路所串成的南北縱向路線的一豎輕鬆行進的。而攀登臺灣百岳更是登山健行者挑戰的目標，這是今時登山設備齊全及沿途有休息站且物資充足的娛樂行程。

回溯一九六〇年以前的臺灣山地狀況，若不帶著「入山求道」的思想情緒，除了工作及生活在那兒的人，估計一般人是想都沒有想過要進入這「有著溫帶和寒帶的氣候」的原始闊葉深林，正如程兆熊先生言，「高山之上，危巖之間，稍一慌張，就要跌下」。

惟程兆熊先生想證明臺灣是可以種植蘋果等落葉果樹，以駁斥當時農復會一些持反對意見的委員們，當然，這個起心動念起源於對應台灣當時經濟發展的農業政策。其時農復會主委沈宗瀚先生於一九六五年發表〈今後臺灣農業之新發展〉一文中，提到農業新發展之主要趨勢第一點即是「農業資源的開發」，以程兆熊先生的人脈背景與專業能量，農復會藉其長才是肯定的，相對於程兆熊先生對國家社會總期能貢獻一己之力之心思，從當年中日戰爭曾不顧博士學位取得與否，急欲趕回國加入抗敵可見一斑，此時不畏山險與豪雨天候的艱難，在農復會技正陸之琳先生的支持下，帶領臺中農學院（中興大學）師生連續三年寒暑假入臺灣山地園藝資源調研。

在程兆熊先生《山地書》中給唐君毅先生的書信裡如此寫著：「臺灣是屬於亞熱帶，而台灣的高山地區，卻有著溫帶和寒帶的氣候。在亞熱帶地區種植著溫帶和寒帶的園藝作物，這是臺灣的創舉，這也是世界園藝史上的創舉。」

臺灣蘋果之父

臺灣山地資源調查第一年從台中和平鄉開始，出谷關去青山、佳陽、桃源（今梨山，福壽山農場原是桃源的鴛鴦池）、環山、鞍部等處；第二年目標是信義鄉，經草屯、中興新村和埔里，上霧社，再兵分兩路去麻里巴和廬山；第三年就翻越中央山脈到大北投，太魯閣及至花蓮一帶，隨後又調查南澳大同等山地鄉，總共持續調查了五年，完成臺灣省中部山地園藝資源、臺灣省宜蘭山地園藝資源、臺灣省花蓮秀林鄉山地園藝資源等三份調查報告，這幾份報告直接開啓了臺灣山地種植蘋果、梨和水蜜桃等優質落葉果樹以及高冷蔬菜之扉頁，不僅考慮了臺灣山地的水土保持，關注整體的生態環境，改善了山地居民的生活條件，更促進了臺灣對外農業貿易的經濟發展。

「在高山地區辦果園，因爲是無人地帶，所以第一件事是築路，第二件事是蓋房子，第三件事是開墾，第四件事是繁殖苗木」。從程兆熊先生《九十回憶》中了解到，當時程兆熊先生透過農復會的協助，由全世界引回六十多個品種的蘋果苗木，所有採購的苗木必須在十二天內定植，這是指從當地的地裡拔起苗木開始算起，從當地用汽車運到機場，再由飛機載運到松山機場，再用汽車運到霧社，更得以人工扛到程兆熊先生當時住在山上的茅草屋內，一直到把苗木定植到果園的土地中爲止。這是一個與時間賽跑的過程，遑論又得在六十多個的品種中種植試驗，找到最適合臺灣山地種植的品種，並持續到大量成功種植，以至於現在住在臺灣的我們，能一年四季享受到高品質的水果和高冷蔬菜，程兆熊先生自是臺灣種植蘋果的濫觴，堪可擔「臺灣蘋果之父」之名。

為往聖繼絕學　為萬世開太平

程先生在臺灣山地園藝資源調查期間書寫成《臺灣山地日記》與《高山族中》、《山地書》、《臺灣山地紀行》等四本書。於一九六二年借調到香港中文大學任教，十四年後的一九七三年五月回臺後，立即再受農復會之邀視察梨山、福壽山、武陵、梅峰、清境一帶，更爬上東眼大山、阿里山，便又以行記及地景詩模式書寫成一本《高山行》。這幾書讀來，彷如隨程先生一同進入那原始闊葉林中，感受到那裡的荒涼與原始，被吸血蟲鑽進腳底，被樹叢割傷掌心，彷彿爲了找水源一同遇見那可能是通輯犯的三人，又似乎一起遇到豪雨土石流被原住民同胞背著過河，當然也一起行走在雲中，坐臥在山裡，一起發出「乾坤誰眼碧？」一問。程師的文筆輕鬆易懂，兼之將其哲儒道禪等學養思想放諸文字中，令人吟哦再三，產生身歷其境的無窮樂趣。

華夏出版公司發心出版《程兆熊先生作品集》，緣起於兩年前南懷瑾文教基金會執行長來訊息找程先生的書，我亦因此機緣開始接觸程兆熊先生生平，每讀一些，就憾自己不是程師的門生，怨未能早認識拜訪程師。如今因決定以《臺灣山地紀行》與《高山族中》、《山地書》、《高山行》四書首先重刊發行，獲得文化部的數位化補助，更因此尋找到幾位程師的門生，有蕭振邦、高柏園、蘇子敬、李重志、溫金柯、曾議漢、蔡隆銘、辜琮瑜諸君，諸位先生皆在學術及企業界發光，一聽是恩師之事，全然欣然應允之，我由此深刻感知到，程師人格之如其著作《完人的生活與風姿》般春風化雨，也一如其一生所言、所實踐之「簡單化」。程兆熊先生堪稱一「爲往聖繼絕學，爲萬世開太平」的一代實踐思想教育家。在此感謝林于弘和須文蔚教授及伍元和先生的共襄盛舉，要特別謝謝中華出版基金會前董事長楊克齊先生的支持，及水木書苑蘇至弘先生的協助串連書店，感謝三民書局重南店、島呼冊店、雨樵懶人、籃城、羅布森、日光山、政大書局台南店、有河等書店的共同參與，更謝謝心動電台協助宣傳。

李惠君　二〇二二年一月二十九日

目次

1. 入山之前

此次再度入山時是四十五年七月十七日。清晨由臺中出發，夜宿宜蘭。第二日到羅東。入山之前，被請至扶輪社講演，曾略談所謂扶輪精神，順帶提了一提西方的所謂「普羅米休士」精神和此方的所謂「扭轉乾坤」之精神。當時我牙痛甚劇。家人都擔心我的牙病。我對家人說：「一入山，牙病就會好的。」我拒絕就醫。但終於也到牙醫處看了一下。牙醫說要拔牙，又說要開刀。我一概不理，斷然帶了一批學生和同事入山調查山地園藝資源。

這次調查的地點是宜蘭縣的兩個山地鄉，一個叫太平鄉，一個叫做南澳鄉。我忍受著牙痛，同時我也忍受著當時的一種心情的沉重。去年暑期入山時，我很有一種朝山拜廟的心情。而在今年暑期中，竟似一轉而懷著一種佛教徒燃指的心情：爲了想報答一些無法報答的深恩大德，竟在佛像之前，慢慢的點燃著自己的一指，像點燃著蠟燭似的直到燃盡爲止。一個人的心情，會多麼奇異啊？據說：有道之士，指燃而指不痛，這是他的一心別有所在，他的一生亦復別有所托。果眞如此，則牙根痛斷，就當別有所見了。

年來心情之緊，生命之枯，總思入山，以求鬆散。以求滋潤。自我看來，凡能鬆散一心的就是道，凡能滋潤一命的就是道。彼入山求道者，轉而求諸一己，俾知有山可樂，則於道亦或可思過半。惟此意眞難言說，遂致此心亦復難言，而生命總是奧妙的。我對著山，竟像是要「山過來」！當人們對穆罕默德說「山不過來」時，他就說：「山不來，我們去。」這眞是一個絕大的靈機。如今我又入山了，我自然不會像穆罕默德似的命令著「山過來」。但眞要是山過來，我總可以拍著手。

山寂然不動，由此，我深深知道：山也是奧妙的！近代人知道入山避暑，又知道登山遊山，還知道在那裏採集，在那裏探險，甚至在那裏滑雪。但總似無由接觸到山的奧妙，因而不知樂山。這於人世是一大缺陷。這於山，也是一大損失。

我此次入山，預定的是七十五日，繼太平、南澳兩鄉山地之後，我還要去和平、仁愛及信義三鄉的山地。山中我願意深思，山中我願意靜想。我思我應入山多少有所見和有所得，我希望我不空。

2. 松羅

這一次最先到的高山族部落是叫做松羅。這裏的高山族是屬於泰耶魯族，和臺中縣的和平鄉及南投縣的仁愛鄉一帶的山胞，是同族。和宜蘭縣的南澳鄉山胞，也是同族。他們原居住在臺灣寶島的西部平原，自從荷蘭人到了臺灣以後，他們便一步一步被迫上山。他們向山地走，愈走愈高，一直到中央山脈南湖大山之頂，隨後又從那裏慢慢地下來，下到臺灣的東部山地。

就宜蘭縣的太平鄉而言，松羅和崙埤仔一帶的山胞，算是最接近平地。他們由臺灣西部的平原，爬山越嶺，竟到達了臺灣東部平地的邊緣，其所經歷的艱苦及其所經過的磨難，自然會形成著一部史詩，只可惜這一史詩，竟不為外人所識，也似並未流傳。但我們一看他們年長的一輩男女，臉上還留有花紋，這就很可以給我們種種聯想了。

他們之中，和其他地方的泰耶魯族一樣，男的臉上所畫直線藍紋是表示勇敢，表示殺過敵人和表示勳績。女的臉上所畫藍色斜紋是表示勤勞，表示會織布、會治家和表示賢良，表示高貴。不管花紋如何給人以特異和驚奇之感，但他們之追求著和愛慕著勇敢勤勞和賢良高貴的一種向上的道德的心，卻正顯示了一種眞正的人性的所在。

他們深藏在心坎裏有某一類的種子，便在臉面上開出了某一類的花色。他們由內直達於外，他們毫無虛假，他們毫無轉折。一些所謂文明人會笑著那樣的花紋是野蠻，但他們全不能認識著那花紋裡面的眞實，才眞是無知。隨著時間之流轉，臉上的花紋，當然要去除，但臉上的眞實又如何能隨時去掉呢？

松羅很整潔，房屋雖是簡陋，但一排一排地排列著，屋前屋後都留有空地，那是很有趣的。加之桃樹、李樹和柑橘等散植著，這不能不算是一個很好的村莊。大家不要以爲那房屋的屋頂是茅草蓋的，就覺得不雅。其實如果眞有人在那裏蓋著洋樓，那才眞的是不調和。要知不調和就是不雅，而人間最雅的是一切和山川合拍。

由松羅走去是玉崙。那地方更小，但也有趣。我們由羅東經三星鄉，經天送埤，再橫過宜蘭濁水溪，前行不久就到了松羅。我們在那裏就算是開始入了山。但當我們由松羅經玉崙到崙埤仔，再至宜蘭濁水溪邊遇了一陣大雨，赤足渡河，一會兒又到了天送埤時，我們又算是出了山。我們那一天，就這樣走了一個圈子。在天送埤，我們搭上了林場的火車，再度入山。

3. 崙埤仔

崙埤仔這一高山族的部落，在兩山之間，分成三個部分，但相隔很近。右邊一部分人家排列在山的一端，前面可以看得很遠，後面沿山麓而行，有一條路可達臺北之烏來。是一個最爲熱鬧，並最爲人熟悉之山地鄉。大人物曾到那裏避過壽，大明星也曾在那裏出過事。

由那一條到烏來的山路上，可俯瞰著靠左邊的一部分人家。那是一個山谷，在山谷裏有一所山地國民學校和一個操場。再由那裏行至谷口，靠左又是一排房屋，排列在一個山頭的前端。因此崙埤仔看來確實別緻。在那裏山中有山，村中有村。村外面又是一個山谷，所以還是谷中有谷。

人家居住在山麓，可以看得很遠。但並不敞露，從外面很不易看到裏面。那裏面有水田，有溪，有橋，有樹，自然還有果樹，如桃，番石榴，香蕉等等。

當我們進入崙埤仔時，我們由山的谷口沿山的一旁而行，行了好一陣，才到達部落的所在地。我們之中，有幾個人沿山麓而行，他們不知道那是去烏來的路。等我們把他們喚回來時，天上已佈上了一陣烏雲。我們在那山谷中的國校操場徘徊了一陣，我們很怕會下雨，所以想停一會，等烏雲飄來，雨下過以後再走。我們都沒有帶雨具，我們在出發時，都深信那一日不會下雨，同時給我們領路的山胞也斷言天上雖有烏雲，但決不致下雨。

他說：山地已經兩個月沒有下一點雨，所以決不會下雨。大家正苦著旱，所以大家都不提防有著雨。於是我們決意隨那領路的山胞離開崙埤仔，過了一個橋，沿著一條溪，向谷中而行。當過橋時已有雨點了，但大家覺得雖有雨點，還不會怎樣下雨，大家前行，到達乾旱了的水田旁邊，那裏堆了一堆稻草。這時我們躲在稻草堆的一側，雨愈來愈甚，已是躲不了。但大家又認爲這雨必然一下子就會停止的。於是又繼續前行，出了谷口。再過去是一個沙洲。右側是一個崖，崖旁有點小樹，我們在崖旁小樹下躲了一會，但雨仍下著不停。終於小樹之下，也躲不了雨，我們後退不得，所以仍只好前行。

沙灘上別無遮攔，更橫著一條宜蘭濁水溪，阻擋去路。這時雨已是傾盆大雨了。濁水溪上有一條索，那是讓人們從溪這一邊爬著，兩手懸起，吊到溪的另一邊的索。我們之中，只有一個人吊過去，但傾盆大雨淋在頭上，兩手更感吃力。當到達彼岸時，那人簡直氣也接不上了。於是大家寧願涉水，不再懸索。

溪水很急，涉水還須得選擇水流不急之處，就如此沿溪而行，又行了好一會，雨愈來愈大。那是時雨，我們唯一的希望是那一陣時雨，會一下子過去，因此當雨下得太大時，我們就蹲踞在溪邊，大家擠在一塊。女同學更是惶惶然不知如何是好。這時會感到一種絕大的不可拒抗的力量，這是一種大自然的力量，也正是一種不可測知的神祕的力量。於是叫天的叫天，叫神的叫神。都是不能由己。而當人一切聽天時，天與神便合而爲一．於是那一種力量，一方面是自然的，一方面又是超越的。在這裏信奉著天地，便是澈上澈下，而謝天謝地，便一切有了安排。

我當時在那一陣時雨中暫忘了牙痛，也忘了其他一切。有一位學生無意之中攜帶了一塊雨布，他拿來蓋在我的身上，但雨太大，無濟於事。這使我想起了荒原荒崗，或荒山上的暴風雨，也使我想起了沙漠中的暴風雨。在沙漠中的暴風雨下，你當可領略著一個個回教徒，會怎樣虔誠地拜著日出的心情。在荒原荒崗或荒山石山上，你當可領略著一個基督徒，會怎樣虔誠地祈禱著上帝的心情。因之，在一個沙灘上、溪水邊的一陣時雨下，你也就不難理解著儒者們會怎樣敬畏著天地的心情。

由敬天、畏天而聽從著天地，信奉著大地，從而以人合天，並求天人合一，以見天理之流行而與天地精神相往來，這便形成了一個東方的世界，在那裏自然的天地就是超越的天地，就是眞理，就是上帝。那是在一陣時雨裏，那是在一股性情裏。我在那時候，我的精神，和我們的一群的精神合而爲一。

我的衣褲濕透了，我們的一群，也都衣褲盡濕了。一濕大家濕，全身淋漓，全體淋漓。於是大家在一陣時雨下，反而感到痛快。在暑天中，風吹來，濕透了的個體，反而有著涼意、有著寒意，並有著一種絕難言說的清新之意，飄飄之意。雨稍稍下得小了一點時，我們一起起立著，並沿溪水行走著。雨稍稍停了一下時，我們設法渡了溪水，到了溪的彼岸。我們繼續向天送埤而行，我已早望見了天送埤，一會兒我們走到了地上猶是乾著的處所。我們知道那一陣時雨，竟只下到這裡爲止，回頭看看宜蘭濁水溪那一岸的烏雲和那一邊的時雨，我們都歡笑了。我們談論著，我們還有時歌唱著，當我們走到天送埤時，我們大家的衣褲都差不多半乾了。

我們從崙埤仔出發向天送埤而行，時雨趕上了我們，當到達宜蘭濁水溪畔時，我們在傾盆大雨下蹲踞在一團，我們眞像一起受了洗。我們要是提前幾十分鐘出發，則我們早一點設法渡過了河，我們就差不多可以不必遇著雨，也可以說：那一陣時雨就趕不上我們了。領路的山胞，領我們上到了沒有下雨的到天送埤的道上時，很抱歉地對我們說了一聲「對不起」。

他解釋著，說是怎樣也料不到會遇到那樣大的雨。他深知道要不是他像擔保地說著沒有雨，我們就會依我的主張，在崙埤仔多停一會，好躲過那趕上我們的一朵烏雲和一陣時雨。

其實我們都沒有一點埋怨著他，我們反而都感謝了他，尤其是我，承他的好意，竟堅決地一定要把我背過著濁水溪。我們大家好容易遇到了一陣時雨，又好容易走到了天送埤。我們那一天從羅東一早到天送埤。又從天送埤到松羅到玉崙，到崙埤仔再到天送埤。我們在回到天送埤的途中遇到雨，我們就說那天送埤是天送雨。

大家在那裏候著林場的火車，一直候到身上的衣服都差不多乾了的時候才候到了。我們一起搭上了火車，我們的一行有二十五人，另外三人在那天清早運送著大家的行李先行到了土場。

4. 牛鬪

到宜蘭縣太平鄉高山族所居留的山地，牛鬪這一地點，也是一個入山的口子，或者也可以說是一個關口。那裡也有一個入山檢查站，那和松羅一樣，都是山地和平地的交界處。通常山地和平地的定義，是就高山族的山胞和一般的非山胞所居留的地方而言。山胞居處爲山地。非山胞所居之處爲平地。但在牛鬪很特別，那裏卻很住了一些平地人，不過主要的自然還是山胞。也有些地方，山胞的住處被視作平地。因之，哥哥是山胞，而弟弟卻成了平地人，這都是少數的例外。

由天送埤車站，再經過一個清水湖車站就到了牛鬪。那個地方大概是以前有牛鬪的事，所以叫做牛鬪。這在南投縣的埔里鎮旁，也有一個類似的地名，叫做牛相觸。牛鬪是在宜蘭濁水溪的左岸，和松羅正是隔溪相對，一個在溪這邊的山下，一個在溪那邊的山麓。我們本可由松羅步行來到牛鬪，但因爲要到崙埤仔，所以又走了回頭路。

牛鬪一方面是火車站的站名，一方面又是高山族的一個部落名稱，兩者在一起，這便使山地的氣氛大大的沖淡了。那全不像松羅，也不像崙埤仔。那雖然居留著高山族，但已大大的平地化了。那似乎只是爲了管理上的方便，才劃歸於山地。那裡的海拔高度也低得很。氣候和平地也差不多，我到那裏，幾乎沒有山地的感覺。

那裏的山胞住屋，也是以茅草爲頂。道旁頗栽植了一些木槿和臺灣連翹等，那是作著綠籬用的。那裡有枇杷也有桃一類的果樹。那裡一旁是濁水的溪，一旁是高而峻拔的山，山是青葱的。溪的那一邊當然還是山，那一帶實在是一個大山谷。溪旁有沙洲，據說以前頗有些水田，但被水沖壞了，現時剩下來的不多。甘蔗和甘藷在那裡栽種了不少。這都沒有什麼足資注意的所在。住戶也不很多。整個部落的氣象，也比較松羅及崙埤仔差多了。

我們初次乘火車到牛鬪時，只下車辦了一些入山的手續，接著便又乘車離開了那裡，加之又是在傍晚，除了車站以外，便毫無所見。直到抵達土場以後的第三天，才又從土場經瑪崙回到牛鬪，匆匆地走了一遭。那是清晨，山胞正開始赴田間去工作。我們看了牛鬪又搭車去到瑪崙，東壘一帶。以後還幾次乘車經過了牛鬪。

5. 東壘

有一座山崖，突出於宜蘭濁水溪畔，看來煞是有趣。火車從山崖中穿過去，不久便由牛鬪到了瑪崙。

再由瑪崙回頭沿鐵路而行，過一長橋，爬上右手邊的一個山坡，便是東壘。東壘高居在鐵道之旁，但望不見山坡下的鐵軌，離車站也很有一些路，遠遠望見溪水，奔騰而過兩山之間。那和牛鬪大不相同，那裡很有一些氣象。

山胞的房屋一排一排地遠對著宜蘭濁水溪排列著。屋後是高山，屋頂是用竹子蓋著的。屋前還有水泥鋪著的曬場，更遙遙對著一座山。屋內有的還設置了收音機，這是由於那裡已經有從清水湖引來的電，家家都裝了電燈的緣故。我曾爬上那屋後的高山，看著整個部落的規模與景相，那眞是頗有規模和另有景相。那裡比較松羅和崙埤仔要生動得多。這所謂生動，一方面是由於那裡周圍打掃得乾乾淨淨，一方面也是由於那裡屋內收拾得整整齊齊。

他們之中，老的一輩，雖然臉上也很畫了一些花紋，但和外來的卻似乎全不致因那花紋而起著一些隔閡。看來，那裡是顯得富庶多了。

我們找著那裡的村長談話，其他的人也慢慢走了過來，以致孩子們也走攏了。有的還請我們到他們家裡去坐。我坐在他們的曬場旁的一個蔭涼處，風從遠方吹來，宜蘭濁水溪也遠遠流來，風起處也正是溪流處。於是我們忘了我們是在跋涉途中，我們在那裏解開了一些糖果，給山地的孩子們，又給那些孩子們照了相。他們都異常高興。

在東壘，我看不出有什麼不足之處。那一部落高居在火車之旁，又高居在鐵軌之上。那裡會有著一種優閒自在的神情，絕不是由火車在鐵軌上可以輸入的，那不是自遠方而來，那實是從遠古而至。現代化可以自遠方而來，但須從遠古而至的事物，終不能自遠方而來。現代人應該知道：從遠古而至的，畢竟是遠勝於自遠方而來。經久的總是好的。而悠閒自在的神情是經久的，因之是一種永恆的不朽的留傳，是時間的眞實的偉績，是人性的不可否定的嚮往。

自我看來，東壘的山胞們是有生活的信心和一種生活的氣度的，因之，他們是有希望的和有福的。他們居留的地方，顯得很開闊，他們的心境也似乎總顯得很開張。我們到那裏，他們走過來，竟像是「爭來問訊」，問著這一塵世的訊息。

6. 芃芃

在東壘可以望見芃芃，而且望見得清清楚楚，那是隔溪對峙著的兩個高山族部落。我們到東壘的頭一天，就到了芃芃。我們去到芃芃時也是由土場出發，我們住在土場，因爲只有那裡好住，我們一行有二十八人，需要相當大的地方，才好住得下。我們之中，先生有六位，其中一位是女先生。學生有二十位，其中女同學是六位，另兩位伙夫。我們這一群男男女女，跑入山地，在高山同胞們看來，是一件稀奇的事，也是一件大事。

當我們對他們說明了我們入山是爲調查山地園藝資源，而調查這資源，又是爲了開發山地亦即爲了他們時，他們都很興奮，也都很感激。他們過去在日據時代，是被人任其自生自滅，並且被限制、被壓抑和被摧殘，他們一天一天萎縮下去，一天一天衰落下去，直到日本人走了以後，他們才算鬆了一口氣。

他們耕作於山野之間，一早出去，晚上回來，走山路，就像走平路，涉水爬崖，全不算什麼一回事。男的尤其喜歡打獵，一出去打獵，常是幾天幾夜不回。獵獲了禽獸，必分給鄰居和親戚共嚐。就是路人，如其看見，也會分給他們一些。他們吃東西，不知道調味，很少洗澡，也很少換衣服。東西是用頭頂著和用背負著走，他們不知道挑，亦不願意挑。本來在山地，挑東西是不方便的，那不像平地。

他們的生活經驗，決定了他們的生活方式。他們最喜歡喝酒，還幾乎每飲必醉。他們又能歌善舞，他們儘有他們的一種生活情趣。

他們舉行祭典時，以鄰或社爲單位，由頭目主持跳舞，痛飲狂歡。他們最大的祭典是粟祭。其日期視各地粟的收穫期而定，不過在十月間一定舉行。若預定祭日之前，鄰內發生凶事，便拖延幾日再舉行。粟祭的目的是慶賀豐年。還有盆祭，每年七月十五日舉行，那是備著酒禮掃祭墳墓的。而爲了準備著各祭典中的酒禮，求其豐盛起見，他們常是事先出去打獵。現在他們也慶祝元旦，他們深信著自太古以來，宇宙間有一種偉大無形無聲之神（母系衛）創造萬物，勸善罰惡。他們還深信人爲肉體與靈魂二者所合成，人死則兩者分離，惟靈魂不滅。

他們以前，家人死亡，埋於屋內，而未死者則另建房舍居住下來。現時這習俗已改，但對死者，整個家族皆哀泣慟哭，並將死者生前所愛用之物品，一齊埋於山野，而祭以簡單之酒禮，此酒禮並不收回。他們多襲用祖父母，父母，伯叔之名以爲名，這是表示他們對他們的先人的尊敬，但他們也有取名於動植物器具或自然現象的。

他們以前對私生子和雙生子都視爲不祥之兆，多加以殺害。但目前此習已改，產婦在產後三日或一星期，即照常勞作。高山族的婦人們是特別勞苦的。

他們的飲食以粟、芋、玉蜀黍爲主。他們的簡陋茅屋之內，鋪架竹木爲床，旁置爐灶，天寒時烘火取暖，長夜不息。食時圍踞鍋旁，用自製木湯匙或以手取食。他們的倉庫和牲畜都置於戶外。倉庫高懸，上蓋茅草。其所以高懸並於懸柱之上置青石板或弧形木板，是要防止老鼠跑進去竊食著他們僅有的食糧。

他們對貞操觀念極重視。已婚者私通，則即離婚並要求相當之賠償。未婚女子失節，則認爲將可招致其生父墮崖而死，故其兄弟必笞之至死方休，以救其父。女的未到十八歲，就結婚，男方聘禮多用一頭牛或一隻豬。結婚時雙方親戚和族中男女大飲大樂。

以前他們病了或罹災禍時，都認爲是幽靈作祟，要請巫者施禁壓之術。巫者都是婦人充任。他們所謂幽靈，大都認爲是突然而死者之亡魂。因其不得赴靈界，徬徨死所，故常爲禍爲祟。其死所亦使活人不敢路過其旁。目前他們因山地醫療機構（衛生所）的設立，已普遍於各部落中，所以轉而漸信醫藥了。

由他們的生活，由他們的習俗，並由他們的觀念看來，若純以民俗學或社會學的立場去處理著，則他們固然都是一種極良好的資料，只不過我們的面目也就未免過於冷酷了。我們應該把他們視同家人，我們才能對他們的生活，眞夠同情，對他們的習俗，眞夠理解，對他們的觀念，眞夠領悟。在現世界中，在現時代裡，眞要悔改的是我們，我們要有眞反省，我們才能有眞覺悟，如此我們才能眞了然於「禮失而求諸野」的眞意義。以此而論，目前的民俗學和社會學不僅會是玩物喪志，而且會玩入喪德，我們是要透徹他們的心情的。

我們由土場出發，火車中有高山同胞，又有高山同胞的歌聲。我們不懂那歌詞的內容，但我們卻分明感染到那愉快的心情，這些山胞是同我們一起去瑪崙的。我們由土場乘火車過了一條濁火溪的支流，到達濁水溪的右岸。瑪崙與東壘相去甚近，並同在一岸，我們在瑪崙下車前行過一長橋不上山坡而下至溪邊，這就是爲了要去芃芃。若上山坡，便是去東壘了。

我們渡了濁水溪以後，方上山坡。芃芃在山坡之上，有二十戶山地人家，男女老幼是八十三人，水田有二甲半，花生有兩甲，還有甘薯和高粱不少，香蕉有一千株，柑桔在那裡很可以發展，這當可給他們以改善生活的憑藉。我們傍晚離開芃芃。我們由瑪崙乘車返回土場時，還遠望見芃芃。

7. 瑪崙

瑪崙通常稱爲濁水，那是宜蘭縣太平鄉鄉公所的所在地。在台灣，濁水同名的很多，濁水這一地名是由濁水溪而得名。濁水溪有三，其一爲南投縣的濁水溪，這是台灣最長的一條水，通常稱爲濁水溪，就是指這一條溪水。其二爲宜蘭濁水溪，那就是目前在瑪崙所能清楚地看到的濁水溪，爲了有別於南投縣的濁水溪，所以稱它是宜蘭濁水溪。其三爲宜蘭縣南澳鄉的濁水溪。金洋的碧候溪是那一濁水溪的支流。爲了有別於以上兩個濁水溪，通常都稱之爲大濁水溪。

濁水溪的名稱都是由於水濁而來。其中南投濁水溪最濁，比較宜蘭濁水溪眞是濁多了。我們由土場到瑪崙一帶，看看那宜蘭濁水溪的支流固不濁，即宜蘭濁水溪的本身，在那時候也不濁，只是天一下雨，水一大，山洪來了，水便渾濁。而且濁得像泥水一樣，這在以後，我們就證實了。

由土場到瑪崙，我們去了好幾次。到芃芃去時，是清晨六時二十分出發，到東疊去時也是六時二十分出發。有一次我親送一位害病在山地的女同學去羅東，也是六時二十分自土場車站出發。到瑪崙的途中，經過一個長橋，三個短橋，兩個山洞。路軌舖於宜蘭濁水溪的河床一側，高約二公尺半，那裡的河床最寬處約有五十公尺。我們先到了牛鬪，回頭再在瑪崙下車。我們頭一天，已到過了瑪崙，訪問過當地的鄉公所。這一天，我們是從事調查工作。

瑪崙鄉公所也是設在一個很高的山坡上，高出於瑪崙站很多，我們爬了很久，才爬到那裏。在那裏，望著宜蘭濁水溪的河床和兩岸的風光，很是悅目。

山胞在那裏散居著。有一家山胞的倉庫壁上掛著一串頭蓋骨，那野豬被獵獲後剩餘下來的頭蓋骨。據說把那頭蓋骨一個一個串掛起來，不要間隔，以後就可繼續獵著野豬，野豬的頭蓋骨可以招引著野豬來，給人們獵取著。同時一串串的野豬頭蓋骨掛起來，也正足表示著他們打獵的本領和他們的勇武。

鄉公所後面有一個墓地，那是濁水村瑪崙巷的公共墓地。山地人家的葬埋方式，現在是改進多了，但仍然是不用棺木，葬禮也是簡單得很，墓也只是一小堆土，有的立上一塊青石板，上面寫著死者的姓名。山地人物的姓與名是同一的，寫起來看過去是姓，實際是姓名相連，姓名無別。又有的墓上置放一個木條搭起來的十字架，那是表示死者已成了一個基督徒，目前基督教拚命在高山族中傳教，山胞信教的已有不少，不過傳教的人們多用救濟物品爲權宜，要那前來領救濟物品的人們信奉著基督，於是山胞們也就多爲了救濟物品而來信教。有東西領就信，否則就不信，他們其實無所謂。本來山胞們都是眞實的，毫無虛假的，可是這樣一來，他們在上帝面前倒眞的虛假起來了，傳教的人們竟忘了他們在山地行將造成了一大虛假，這是很可惋惜的。當然眞信基督的山胞們不是沒有，他們之中，有的本來喝酒抽菸，但一入教，即予戒絕，像成了新人。這眞表白著上帝在山地的莫大的功德。

目前山地人家差不多一有錢就喝酒，喝酒使他們的生活更陷於窮困，同時又糟蹋了身體，還惹出了各種的事端。宗教的力量能夠使他們不喝酒，這眞是種大力量。但不幸的是這一宗教在山地又分起家、分起派別來。

在山地現在有天主教，有長老會又有眞耶穌教會，山胞們對這些很有些弄不清楚。他們可以由於偶然的機緣入長老會，也可以由於一個偶然的機緣進眞耶穌教會。長老會似乎在山地最盛行，但規律也就比較不怎麼嚴格，他不大限制山胞喝酒，於是山胞入長老會的仍然是大喝其酒。他們原本深信著太古以來，宇宙間有一種無形無聲之神創造萬物。他們本此，原可以敬畏著上天下地，他們極力尊重著他們的優良的傳統，並聽從著他們族中老一輩男女長者的話，他們本此原可以敬畏著古聖先賢。同時他們對他們的祖先更是尊重的，看他們取名，就會知道。是以祖先或父母叔伯之名爲名，他們本此，原更是會深深地敬畏著歷代祖宗的。

在這裡，他們心中所懷藏著的實是一種儒者的種子，只可惜這種子在山地還沒有怎樣發芽，以至開花，以至結果。只不過他們對天地聖賢和祖宗的敬畏的心是眞眞實實的，這種可助他們去除一切的虛假。這對他們的將來關係至大，人們要援助山胞，除了以手援山胞之外，是應該以道援山胞的。

我們由鄉公所下山坡走到另一個較低的山坡地，那裏又是幾家山地人家。茅屋，板壁，矮而小，但很整齊。由那裏下去，便是濁水溪河床的邊緣。那裏有點水田，也有不少的旱地。有一塊旱地栽了百餘株柑橘。在那裏我們遇到一位山胞，他是那柑橘的主人，他原是那裏的鄉代表，但現時不做鄉代表而作園丁了。他自己栽種著柑橘，長得還不壞，長成了，他的柑橘收入是可觀的。他是一位非常誠樸的山胞，他極歡迎我們看他的柑橘，他問我們一些有關柑橘的病害和蟲害的問題，我們都給他解答了。

我們到了一個地方，一群山雉飛翔而過，進到有山胞居住的所在，一問方知那裏叫智腦。那也是屬於瑪崙，有二十一戶，凡五十四人，我們在一家山胞家坐了很久，他家已是新蓋的屋宇，很寬敞，裏面的房間也不少，全不像是山地人家，生活確是不壞。

我們在瑪崙至晚方回。回到土場之前，我們還買了不少的黃藤手杖，那是準備在山地打蛇用的。

8. 烏帽山

在瑪崙買著一捆黃藤作手杖，準備打蛇，那是因爲要去烏帽山。人家告訴我們：烏帽山的蛇最多，務須提防。本來山地的蛇，大家都知道是很多的，但烏帽山的蛇特別多，則是到了土場以後方知曉。

我們住在土場。由土場向附近的地方走，凡是有高山族部落的所在，我們都去了，剩下的只有一個烏帽山。打算烏帽山看了以後，再詳細調查土場，以便由土場再進入到更深更高的山地去。

烏帽山也是在那宜蘭濁水溪之一側。那是和瑪崙，東壘，牛鬪等同在一側。只不過濁水溪在烏帽山已轉折了一下。

濁水溪的一條從太平山下來的支流，在土場旁邊和由烏帽山旁流下來的濁水溪主流會合著。我們從土場走了一段鐵軌架成的橋，就走上了一條山崖的路，那是沿著高高的山崖，像是在半山上的一條蜿蜒的山。路的右側，下臨濁水溪的主流，這主流迎面而來，使我們在高處望去，有點兩腳懸空之感。回頭看濁流東去，溪床很闊，溪水似大蟒，與石相衝激，猶聞其聲。我們在高高的山崖邊走，溪水在低低的山谷中流，雖是兩不相妨，但彼此竟都像是異常關切。風聲傳來，水聲亦至，而我們則時時俯視溪水，又遠看溪流。我們一路走一路望，望山望水，因而望前望後，大家手拿著黃藤手杖，更準備著遇見毒蛇。

我們走得甚爲愉快，又頗爲緊張。山行之趣，愈來愈深。突然之間，有一位女同學落在後面，說是胃痛，不能走，須得回去。於是我就要另外的一位同學送她回土場住所去休息。山行需要堅強的身體，軟弱是不成的，有病痛更是不成。

抬頭看見四山之中有一孤立的山峰，像頂帽子，這當然會就是烏帽山。當我們看到烏帽山時，濁水溪卻望不見了。濁水溪被另一座山擋住了。水隨山轉，我們轉入山中，便不復行經崖畔了。

這時秋海棠在山陰處看見，那已是開花了。山陰處有時會有一股冷氣傳出，那是由於那裏有著清泉，泉水極冷。其他的野花，也散在路旁，這裡那裡都可看到。有一種茄果，不大而圓，紅得像一顆大紅珠，那是癲茄。我們在路旁也看到不少。我們注意著岩邊的闊葉樹，我們想從那樹枝上發現石斛蘭，但終未發現，但樹枝上一些寄生的羊齒植物，也很是可觀。

進入到一個比較空闊處，那是在山中，四面的山環繞著，山坡沒有來時那樣峻陡，上面已是有人栽種了東西。路的兩側，台灣連翹長得很高，已是成了列樹，不復是綠籬。我們從一條支路向著那栽種了東西的山坡上走，不久見到了一座茅屋，當我們問一問茅屋裏的人們是什麼所在時，他們就說是烏帽山。那裡的人家只有七戶，在這七戶人家中，只有一戶是山胞。其他都是平地人，在這裏多種植著番茄。

這時番茄正在收穫，平地夏季多雨，不能種番茄，因此這裏的番茄拿去平地賣很是值錢，但山胞們還不知道，只曉得種小米和甘藷等。那裏還有平地人種植的柑橘和其他的果樹。豬也養得不少。據說以前的日本人是在那裏鼓勵著當地人養豬，以供太平山林場員工之消費，目前豬還繼續養著，但沒有以前那麼多了。

番茄在烏帽山的栽種，幾乎栽到半山腰。我們爬上去看番茄，眞是吃力。但遠遠看去，卻又眞好看。甘藷花生在那一帶的山坡上也種植了不少。我們從山坡下來，經過了幾家人家，有一家人請我們去看他們的番茄，那已開始患著立枯病了，那是由於大乾旱的原故。我們勸他們以後不要連作，番茄是忌連作的。

山路經過烏帽山，看不見烏帽山旁的人家，當從一支路進去，行了不久，便恍然見到人家。支路口有一小紅旗懸在一條竿子上，下面有一塊木板平放著，後來有人告訴我們：這是他們敬奉的神社。由神社那裏沿著另一條較平的支路走，更可見到一些人家。那眞像是世外有人家。那一帶的風光眞好。濁水繞過那裏，但不見外面的濁水。山路通過那裏，又不見裏面的人家。那裏是深山，而人家更在深山的深處，一切都像是藏起來，而裏面又儘有田園，並儘有田園之樂。

說到毒蛇，我們一行二十餘人，手拿著黃藤杖，就是撥著草，也沒有驚動一條小小的蛇，更不必說什麼青蛇，竹節蛇，百步蛇以至所謂眼鏡蛇等等狠毒的蛇了。

我們在烏帽山跑了大半天，又由原路回至土場，這時蟬聲在路旁更是分外清晰，風也吹得特別令人舒適，我們這時是在崖邊順著濁水溪而下。

9. 土場

在土場住了好幾天，但是天天朝著土場四周的部落走，反而把土場本身忽略了。我們打算第二天就離開土場，到留茂安和四季兩個高山族部落去，並打算住在四季，所以今天大家決定詳細看看土場。

有一位女同學在昨天去烏帽山的途中，胃痛起來，回到土場，到昨天晚上還是痛。於是她向我告假了，她說她須得回家去，她的身體頗弱，長得很小。我同意她告假回去休養，但爲了出山檢查的關係，須得我親自送她到羅東。同時到羅東時，我也可以順便醫一醫我的牙疾，我連日牙痛，也是十分難受。我每頓只能吃點稀飯，但天天又須得跑路，體力也確實很難支持，我爲此寫信回家，要兒女們也要切實體認人生的艱苦，我雖願一己痛斷牙根，但也不好一任兒女嬉遊度日。既送人出山去到羅東，則順帶看一看牙病，也是好的。

我天一亮就起身，送那一位胃病的學生乘火車。土場的運材火車站距離我們住的地方還有一些路，須要步行二十分鐘。我們上了車，不久車開動了，又是過濁水溪支流上的一座長橋，經瑪崙，牛鬪，出山後更經清水湖天送埤，三星和大洲等車站，才算到了羅東。我送走了病人，就去林場醫務所看自己的病，匆匆忙忙的闖入了林場場長的辦公室，表示我們對他的幫忙，我們都很感謝，但他對我的匆忙行動，似乎有點不很習慣，有點愕然。我隨即告別了他，又有點覺得一己的失禮。其實我是因爲要趕車回土場，從事土場的調查，我的匆忙是無可奈何的，我不能老等在會客室裏，等人家來會我這位客人。我在山中，已不免有點山氣，衣服的不整和鬚髮的未剃，都會給平地人看來有點稀奇。

我匆忙地回到土場。我因爲明天要離開土場，所以就有點留戀著土場。我們在土場的住所，是在濁水溪支流之一側，這支流的水從太平山的深谷裏流來，可聞其聲，又可見其浪花之白和水色之清。那一側是高山，色青而峻。有一小山路，像之字形直到山半的一所茅屋，那是一個工作寮，附近有點墾地，是山胞們墾出的。在支流和我們住處之間還有些住屋，又有一個沙洲，我們的住處很高，是在這一側的半山上，所以我們看那沙洲，是低得很。我們在住處可以望見支流曲曲折折地來，又曲曲折折地去。我們住處的一側還有林場小鐵道，這小鐵道更是曲曲折折地直到上太平山的索道下。

月夜由土場住處看溪流看山色，又靜靜地聽著那大山大谷裏的風聲和水聲，起初是欣然怡然和飄飄然，接著是若有所思，不覺悵然，終於是頓然若有所失，不覺黯然，並不期然而有一痛切之感，不覺淒然。我們的住處前面有一塊平地，另一端稍低處還栽植了一些甘藷。甘藷藤把地面鋪成碧綠，外面圍上了一個木板牆，只遮住了我們住處前面的一些住屋，那些住屋是沿著山坡朝下建立的。我們的住處在山坡上，所以遮得住，但木板牆卻怎樣也遮不住前面的高山和溪水。我等大家睡了時，拿把椅子坐在那塊平地上，對著月色，四面張望，木板牆給我圈成了另一個天地，使我到了另一個境界。

在這另一個境界中，又使我在回憶裏浮現著無數的境界，無數的月夜裏的境界：故鄉故里，異鄉異國，山中寺中，崖邊水邊，湖上海上，以至鬧市之旁，古都之側與夫繁華的街頭和冷清清的巷尾，竟都是月明如斯，月色如許。

去歲我帶領了一批師生到達了高山族的居留地，如內茅埔，東埔與日月潭之南的潭南和青雲等地，更都是月明如昨，月色如故。月色是一，月明是一，因之此心是一，此情是一，只此境是千千萬萬，但也畢竟是一。

眼看月從山頭出，又漸漸要到達另一山頭了，更俯視月映溪流，月照沙際，一壁青山，像是突然而立，赫然而峙，其他一切，自是森然。要問巍然獨存，千古自在的是在天邊，還是在眼前麼？這只要你坐在那裏閉目一思，存心一想，再睜眼一看，放懷一笑就得了。只不過放懷一笑之餘，又似乎不免要令人痛苦一頓，到此，實在是哭笑都難自主，更遑論其他。

我們住處附近的人家，大都是平地人，他們大都在太平山林場工作或與林場工作有關。運太平山林場木材的車輛，日夜幫幫幫地經過著我們的住處，到土場車站的上方爲止。當到達時，車上的木材即被傾倒在那裡，再滾至車站的下方，堆積起來，慢慢的又用起木機把木材吊在車廂上，一批一批地運往羅東。

在土場車站和我們的住處有一個村落名叫多望。居住的人家很不少。由一小徑爬上山，到多望時，就看到那裏很有一些番茄，茄子和葡萄等。山坡上還種了一些花生。村長住在那裏，我們都訪問了他，只是我沒有在。

土場車站下方左轉，就是濁水溪的一片河床地，我們前兩天的一個早晨，在去瑪崙和芃芃之前數小時曾去到那河床地。河床地的泥土是黑的，那裏也種植了一些番茄。再過去便是渡越濁水溪的一座臨時搭成的竹橋。久久沒有下雨，濁水溪的水流不大，但仍是很急，竹橋搖來搖去，不斷的擺動，人行其上，看著下面急急流著的濁水溪大都有點害怕。還算是只有我，安安然過著橋，兩手沒有扶著橋邊的一根橫木架。女同學和另外一些人，是要人牽著過。像這樣的臨時搭就的竹橋或木橋，我們由瑪崙去芃芃也過了一次，以後我們在濁水溪的河床上行，還越過了好幾次。這和在鐵索製成的吊橋上越過時的味道和心情又是不同。

我們通通越過了那一竹橋之後又繼續前行，到了一大塊瑪崙山胞跑來開墾著的新墾地。那裏的山邊，有一間茅草蓋的工作寮，有一位女山胞在那裏攜帶著孩子種著地，另一男山胞，那是她的丈夫，在鋸著木頭。我們跑去和他談了一些話，工作寮旁邊有一些通草，又有一些雜樹。在那裏可以遠遠望見土場車站。墾了的地方有花生，又有少數的高粱。花生已有病害開始著。沒有墾的地方則是一片蒿艾。

濁水溪的溪聲，也可以遠遠聞到，風一陣一陣的吹來。我們在那墾區裏來回地走著，我們估計那裏很有幾公頃肥沃的土地。新墾地還有火燒著的殘灰和枯木，山地被燒掉了一塊。

土場的範圍相當廣，由我們的住處，再向上面走，逆著濁水溪的支流上去還有一些人家，並且還有一個國民學校。濁水溪的支流和濁水溪的會合處，也許可算作土場的盡頭。但還須得加上那一塊山胞在濁水溪那一邊所新墾著的土地。土場的居民多種植番茄，又栽植了不少的柑橘和葡萄，這都是他們的新事業。

10. 留茂安

開始離開了土場，向更深的山地前進，那是一個清晨。土場的清晨，實在令人留連。

在土場住了一些日子，人和物都已像是很熟悉，山和水更像是很熟悉。在土場的清晨裏，我尤其懷念著土場與濁水溪支流上面的夜和月夜裏的一片清輝。

晨光伴著我們，我們向更高更深的山地出發，我初初手拿著一根黃藤杖，隨後我把它寄放在鐵軌旁邊的一座山崖裏，我預備等自己由那更高更深的山地回來時再拾回來。像這樣暗暗藏著一根黃藤杖，眞像暗暗藏著一件大心事。

我們仍然要經過著烏帽山，因此我們去到更深更高的山地去，還須得走一走前天到烏帽山所已經走過的舊山路。我們在清晨七時五十五分鐘就走到了烏帽山，隨後繼續前進，在深山中行。有一段路兩邊都是長著很高很大的連翹木，正開著藍色的小花，一串一串地，眞是有趣。此外山路兩旁的樹木有趣的還很多。秋海棠花開在山崖旁，車前草則長滿了山路的兩旁，都同樣有趣。入山愈深而山味愈濃，因此對一些山中的草木，也就不免興趣愈來越厚。我們一路之上，說說笑笑，到清晨八時二十五分鐘就走到了一個走下山坡的所在。在這一山坡上，忽然看到了濁水溪。離開土場時，我們一路沿著濁水溪在高高的山崖邊行走，將抵烏帽山時，濁水溪來了一個轉折，流經烏帽山之外。現在我們再看到濁水溪，這便表明了我們已走出了烏帽山，並且已經把烏帽山遠遠丟在腦後了。

由那一山坡到濁水溪的河床，已不只五十公尺，那是說它的高度。看看那一山坡的坡度，那幾乎是成一垂直面，我們由那裏一個一個地下去，那眞像是爬下去。一失足，就不堪設想，因之你不能不戰戰兢兢。不慣於山行的人們，碰到這些地方，自然是無可奈何。至於我，我於今確實是已經慣於山行了。我雖然牙痛不已，但牙痛終未能一減此「入山惟恐不深」之情。

我們下到濁水溪的河床，涉了一點水，到八時五十二分鐘的時候，又過了一個竹橋，這便越過了一個濁水溪，到了濁水溪的另一岸。竹橋搖搖欲斷，橋下水流急急，水聲頗大。在橋上行著的人，不由你不緊張，於此而能輕鬆你的足，並能放下你的心的人們是可賀的。

這竹橋很像土場一側的竹橋，但又畢竟有點兩樣。我們渡過了竹橋，仍是沿著濁水溪的溪床行走，走了又走，到九時十八分鐘時，又走到了一座竹橋邊。這第二個竹橋是讓我們走回到我們原來走著的濁水溪的原岸。由彼岸到了原岸，繼續前行。直到九時五十七分鐘，我們就到達了留茂安，那是一個眞正的高山同胞的部落名字。

我們在留茂安國民學校停下來，休息的休息，喝水的喝水。到風把我們額上和身上的汗吹乾了時，我們也就恢復了疲勞。我們在留茂安國校四周看了以後，又看了幾家山地人家，我們在那裡看到一些果樹，又看到了一些青蔬和花朵，還看到了一株八仙花。

留茂安是在一座高踞於濁水溪溪床之上的山坡上。那是和烏帽山，土場，瑪崙，東壘與牛鬪等處同在濁水溪的一岸。而芃芃、松羅和崙埤仔等部落，則在對岸。濁水溪彎來彎去，竟有時會讓人辨別不出是在哪一岸。

留茂安有上中下三個部落，竹蓋的木屋，排列得很長，也有不少的住戶。我們原打算在那裡住一晚。但當我們看了上部落又看了下面的部落時，雖是下午，但時間還早，我們便又開始行動，我們接著又去看了第三個部落。那些部落都種植了一些高粱和番茄。那一帶的風光確是不壞，那一帶已是比較土場更爲涼爽。

留茂安部落後面的高山顯得有趣，而對岸的高山，則顯得有勢，有來龍去脈。留茂安的山胞告訴我們說：山中有板栗，但我們沒有見到。我們很想隨他們去山中採，但我們不在那裡住宿，就得趕到四季那一個山地部落裏去，時間不允許，我們便只好請他們為我們採來送去四季，再重重地酬謝著他們。我們很想在那一帶發展著種植板栗和胡桃的園藝事業，所以我們對這山中採栗的事很是注意。

由留茂安第三個部落前行不遠，便又下著一個山坡，這山坡坡度不大，下去又是濁水溪的河床，我們繼續沿河床而行，向四季而去。

我們匆匆的看了留茂安，我們都以為以後由那更深更高的山地回來時，可經此地，再詳細一觀。只是以後的情形，因為一陣颱風和幾天大雨的關係，卻大大的變了。我們以後是由留茂安山坡之下狼狽而行，涉水而去，我們沒有再上到留茂安，只不過這裏所謂我們，也並不是指我們全體，我們之中，有大部人還是再經過了留茂安一次。那一次我們被大風大雨分成了兩截，前後竟失了聯絡，行李和人也失了聯絡。那再經過留茂安部落的一大部分人，冒風冒雨而行，自也無心再詳看著留茂安的一切。

11. 四季

由留茂安下至濁水溪的河床，沿著河床的這一岸走，又沿著河床的那一岸走，以後走上一條彎曲的山徑，這又是和留茂安同在一邊山。離開了河床，爬上了山坡。在一個很高的山坡之上，我們見到了四季。

四季是一個遠較留茂安爲大的大部落，我們下午四時十五分鐘到達那裏，隨後我們就住宿在那裏。

我們在四季前前後後一共住了好幾天，四季使我們永遠忘不了。

以太平鄉這一個山地鄉而論，四季固然是一個最大的高山部落，就是以我們所到過的其他山地鄉來說，四季也是一個數一數二的高山大部落，同時，那不僅僅是大，而且是美，又不僅僅是美，而且是殷實，在那裏充滿了新鮮，更充滿了希望，那裏確實有一股氣，這就是新興而蓬勃的氣，那是極有前途的一個所在。

我在四季給我的家裏寫了一封很長很長的信，我詳述著我在四季的遭遇和在四季的感觸，我感到四季的人們，都是歸了本、歸了根，歸了土又像歸了仁的人們。對著隨風飄泊著，那裏眞像一個窠，一個巢，一個安息和一個安頓。我一到了四季，就驚異著四季。那裏有四季的花，四季的果，自然更是有著四季的人。我們在四季住下了，我們都是被四季所吸引著的一群。

我們的住處是在四季村的最高處，那裡有警察派出所，有國民學校，還有一些職員宿舍和一間山地物資供銷處，那一帶很空曠，那是一個大山坡，分三層：第一層是派出所，其次是國民學校，最下一層是部落。據說將來的橫貫公路要經過那第一層，車房車站都會設在那裏。

四季這一山地部落分兩部分，我們住處的最下一層，還只是一個部分，另一部分四季的山胞是住在另一個山坡，那要由我們住處的下面向左轉，再爬上山，經過一點曲折，爬進更深和更高處，也可以看到。對第一部分的四季山胞來說，那另一部分是高多了。但對前面一條很清的溪流而言，那就要從溪流處爬上一個很高的山坡，才可以到達那第一部分的四季山胞的住處，從那裏你可以望得很遠。望見宜蘭濁水溪從遠遠的山峽裏流來，直到四季村的一側，纔又向遠遠的山峽中流去。

在四季村一側流過的濁水溪彼岸，有一大塊平地，被開成了一塊一塊的水田，大概有七、八公頃，在那裏，遠遠還可以看見從一個小山洞流下一股水，形成一個小瀑布，那是這一帶水田裏的灌溉設施。從四季山那坡之上，看那一片水田，再加上那一個飛瀑，眞是一個好景緻。水田前面是濁水溪，後面又是一座高高的山，在山和水之間的水田，已經難得，而在高山和濁水之間的一片水田，又有清流飛瀑灌溉著，更是難得。

我們住在四季時，一行二十餘人，最感困難的還是水。我們的住處，雖然有用竹子接引下來的一點山水，但是有限得很，我們的飲水，我們的用水以及我們洗臉洗身，都要從那山坡上跑下去，經過國校右側，更要穿過四季的下面一個部落，再下一高而且陡的山坡，到那環繞著四季的一條清溪邊。我們初到四季時，當整理了我們的住處和行李以後，已是黃昏了。在黃昏中，我們下到清溪裏，先洗足再洗臉漱口，又洗身洗衣裳。我們還戲著水，在長途跋涉之後戲著水，這眞使我拾回了童年的心。但當我們由清溪裏上山坡，經過山胞部落後，再上山坡，直到我們的住處時，我們又汗流浹背了。

我們的住宿分成四處，一處是男生和伙夫，一處是女生，一處是三位先生，一處則是我和另一位先生。我的住處和其他人們的住處，相距都很近，前面有一個小平台地，這平台地的外側，是用青石疊著的石牆圍起來的，石牆很矮，可以讓人坐在那裏，也可以讓人站在那裏。石牆之下，是一條通至四季上面一個部落的大路，由這一大路，上到那一小平台地的石牆邊要繞一個很大很遠的圈子，從大路上仰望著那小平台地一側的矮石牆，竟像是一個懸崖絕壁。我在黃昏時獨立在那一矮矮的石牆上，我可以俯視著那一大路上的山胞，一個一個的於田間山間工作罷休之後，從那裏慢慢走上去，去到那更高的一個山坡，歸向那深的一個四季的部落裏。

他們和她們之中，有的背上一大包粟，那是連著穗的。有的背上一大堆柴，那都是樹枝，一條一條地堆在背上背的一個木架上。如果背粟或背柴的是老婆婆，那麼一個畫著斜紋的藍色的嘴會啣著一個菸斗，不很長，也不很短，菸葉是她自己栽種的。至於她的兩手呢？如果是未啣菸斗，那便會拿著苧麻，弄成一絲一絲，常常把它放在嘴唇邊，拖來拖去，那是準備用來自己編織著她們的一種特產，即所謂山地麻織品。

年青的山地姑娘們對扯麻絲、織麻布，據說在以前尤其熱心，因爲她們這樣所獲得來的麻布越多，則臨到她們出嫁時，便愈有妝奩。目前姑娘們像是對此事已趨冷淡，但老婆婆們還依然是不忘其初，她們在工作歸來，背負重負的行走之際，猶兩手不停，這可以想像她們的繁忙，和對時間利用的周到。但你若是眞以爲她們就如此忙得不得開交，連走路時都要工作，有如一些現代企業下的人們，因無片刻暇，遂致緊張得不得了，那就錯了。她們儘管走路時都從事麻織，但她們卻儘有一種令人幾乎想像不到的山地特有的悠閒。她們口啣菸斗時，固極悠閒，她們汗流滿面時，仍極悠閒，這會使你驚訝得不得了，但在她們，卻是極爲平常。

山地的少婦在那時候也從田間山間工作回來了，她們在我站立著矮牆下面經過著，我從上看下，看不清她們的臉，但看得清她們背上背著的孩兒。她們有的背上也背了一大包粟，或一大堆柴，如此，她們便把孩兒抱在懷中，有的還在那裏一面走著，一面餵著孩子的奶。也有的讓孩兒們酣睡在懷中，或在背上，當孩兒們睡在少婦們的背上時，孩兒們的頭是深深的下垂了，有時那孩子的頭，還會擺來擺去。孩子們一早被少婦們背負到田間和山間，等一天勞作之後，又被背負著或懷抱著歸來了，孩兒們的臉和少婦們的臉，被一天的陽光照晒著，都成了蘋果臉，都是通紅的。臉上畫著直的藍紋的男山胞，有的雖是頗爲年老，但背負著的東西也並不輕。也有的手牽著一頭牛，並攜帶著一些農具歸來，那當然是從那濁水溪彼岸的山下水田中歸來的。

另外我在那一青石矮牆之上，低頭看到下面很低的大路裏的山胞們，還有的只背上一個像是空空的竹簍，而一手拿著一點什麼東西，黃昏愈來愈甚，我也看不分明，但他後面跟隨著的山犬，是看得清楚的。

我在那矮牆上，我趁黃昏時，俯瞰著那很深很高的山地裏所特有的人景，我眞是看得入神。直至路上的人們歸到他們和她們的部落裡，愈來愈稀，終於一個也看不見時，我方抬頭遠望。在黃昏漸深而繁星漸露之際，我看到那一帶的山色和白晝大有不同，濁水溪已是隱隱約約地從遼遠的兩山間流出來。在濁水溪的河床以及河床的兩側，都顯得一片白，隱隱約約中，我還看到那裏的一座小橋，橋過去，不很遠處，我看到一個大平台地，那是在四季村的斜對岸，再過去，又是隱約中一個大平台，據說：那已是埤仔南了。

四季村的山胞中，年青的一代，對運動會特別感到興趣。他們因爲他處的山胞在全省運動會中，獲得了極榮譽的錦標，於是他們也就獲得了一個極大的鼓勵。他們之中，有一位男青年，還似乎不到二十歲，當我們由土場來四季時，他替我們背行季，我們原是先走了兩小時，他卻背著行李趕了上來，他隨我們到達四季的國校前面時，他放下了我們的行李，馬上就在那國校前面的大操場跑了十幾個大圈子，他要準備參加其他的田徑賽。因此在那國校前面的大操場裡，他更不斷地練習著跳遠、跳高和擲標槍、鐵餅等等。他在山地爬山，眞是如走平路，他當然也從事田間和山間的工作，但這並不妨礙他從事著業餘的運動。只憑了他的一股勁和一種毅力，我知道他是會獲錦標的。

第二天，我們就去到四季上面和下面兩個部落裏，前後左右和屋內屋外都看了一下，我們看了大半天。我們先去到位居在我們住處下方的山地人家，我們從我們的住處，曲折地走下山坡。山坡路旁有不少的果樹，柿子桃子和李子柚子都有。山胞的房屋自然也是一排一排地排列在那裏。那是一個狹長形。下面是繞著它的清流，遠方則奔流似的迎來濁水。我們走到部落的裏面，又從部落的一端，走到部落的另一端。在那另一端沒有了人家，而只有一些竹子果樹雜樹和一些雜草。在那些雜草裡，一位引路的山胞，告訴我們一種吃人草，很像麻，但是葉面上有短刺。手一觸到，就要癢幾天，異常難過，像是會吃人。又有一種可以做很好的纖維用的，甚韌度遠勝過苧麻，名字叫做「阿朗」，這是山地語音，亦不知是何意義。

阿朗的樣子，很有點像唐菖蒲，只是要長要大得很多。其較長的差不多有人一樣高，普通的也有一、兩尺。四季的山胞們把阿朗的纖維作成繩子，也做成線，作成布袋，背著東西，那是很結實的。有一家山胞在那裏修理他們的倉庫，這倉庫的屋頂，是用竹子蓋的，四季村裏的山胞們，其倉庫實遠較他處山胞爲殷實，他們還養了一些豬和雞，也養鵝和鴨。我看見一個山地小女孩，在她的茅屋後面的斜坡地上面掘著泥土，那是要尋找蚯蚓作飼料，看來那裏的泥層鬆而且深。

我們在四季上面的一個部落裏停的時間特別久。上面的部落比較那下面的部落要大，上下兩個部落一共有百餘戶。照那裡戶口編制上所用的名字，上部落叫做四季村勝勳巷，下部落叫做四季村四季巷，勝勳巷是在四季巷前的一條清流的上流，那裏像有一個吊橋，但我沒有過去，溪在很深的山谷裏流，在勝勳巷是只看見谷而難見到溪的。谷旁的雜草和雜樹很多，也有一些地，種著果樹，種著花生，甘藷，也種了一些菜。這是勝勳巷的前面。過著那一深谷，便是一重青山，高而又深，這作成了勝勳巷的前景。勝勳巷的後面當然又是一重山，不過沒有前面的山那樣陡，那是一個坡度不大、傾斜很緩的山，那裏的一個大山坡，便是勝勳巷的巷址。

在這裏，我們眞不知何故要用上這一個巷字，因爲照一般的觀念來說，那是一個村莊，絕不是一個巷子，而照山地的觀念來說，那自然更分明是一個部落，不是什麼巷。

勝勳巷的上一端有一個小山谷，谷很平，在谷口可以望見勝勳巷的一些人家。谷裏面的土地，現被利用起來，作爲公家辦的採種場，主要的菜種是蘿蔔，但也種了一些番茄和馬鈴薯。鄉公所有一個人在那裡經營，這人很客氣地告訴了我們很多事，據他說：那四周原可種植一些果樹，只是目前來不及。如其眞的谷的四周都是一片花果，谷中間是一片青蔬，就那裏的山勢來說，那會眞個有如畫圖。

我們到了勝勳巷的一家山胞房子裏，當我們走那一山胞房子前面過時，窗子裏面有位警員招呼我們，這一警員是在我們的住處常和我們見面的。警員和幾位山地青年同在那裏閒談。因爲警員招呼我們，於是房子裏的主人也出來招呼了我們，要我們進去坐，那是一位女主人，那是一位女山胞，她穿上一件藍色女制服，後來我們纔知道她就是四季村衛生所裏的女助產士，四季村上下兩個部落即勝勳巷和四季巷的嬰兒，都是由她一人接生的。她在日據時代學了一點助產，在山地，那是很難得的產科人士，她約有四十歲，或者還不到四十歲，她對著我們彬彬有禮，這時所謂我們，只是我和一位先生，一位學生。其他的師生是在附近分別調查著。

我們這時一共三人應邀進去她的家裏坐下來，她只能懂得幾句國語，於是由那一熟悉的警員做翻譯，我問了她一些話，據她說：她所接生的女孩要比接生的男孩多，山地人生了男孩是要慶賀的，至於女孩，生出來的時候便無所謂。我們看著山地各部落的人口統計，也多是女多於男，四季如此，以後的埤南一帶也是如此，因爲女的多，所以山地青年娶個老婆很容易。而且結了婚以後，女的要做家裏的事情，要做田裏的事情，又要養孩子，甚至像我們的行李，也多是由女的出來背著，此外還要理麻和編織。看來裏裏外外的事，都是由她們辛勤地負擔著，她們既能做，又願做，並且還能歌善舞，在歌舞會中，她們如果還沒有出嫁，那就活躍異常了。

山地的青年，山地的男子，最喜歡的是打獵。往往一出去打獵，就在山中幾天不回。有時打到一些野獸，就在山中分食著，帶回家的頗爲有限，若打不到，兩手空空而回，他們做事不會比他們喝酒喝得多，他們之中，很多人是一有錢就喝酒，他們常是拿點東西，或替人背些東西到外面去，得到了一些錢或工資，就買酒喝，錢光了，才回家。他們對家庭負的責任和盡的義務實在不會比女的來得多。山地的女人因爲嫁個男人不易，所以一嫁出了，就多是一切順從，山地的青年由此而似乎看得一切容易，沒有什麼競爭心，以致也消失了一些責任心。現時很有一些山地姑娘想嫁平地人，尤其是到過平地的山地姑娘，和平地人交際了以後，一方面羨慕著平地的繁華，一方面也多少感覺到山地漢子的沒有向上心和不怎麼負責任，所以更想去平地。這其實是不便苛責的。只不過這樣一來，卻很有些人覺得山地青年會因此沒有老婆。理由是：山地姑娘要出山，平地女子更不會嫁山地。像這樣爲山地青年著急，當然也不能說沒有理由。

但山地青年假如能因山地姑娘出山之故，而力自振拔，努力上進，眞能做個好丈夫，那也就不怕得不到好妻子了。讓山地姑娘出些山，讓山地女子少一點，從而讓山地青年知道一些娶老婆的艱難，受一點刺激，戒除一點酒，多作一點事，多有一點競爭心和責任感，這對整個山地的進步和繁榮，都會是很好的。否則，一味禁止山地姑娘嫁到外面去，讓山地的女子，在山地人口上的比例，愈來愈比男的數目多，並讓山地青年因此而得來全不費工夫地娶來他所要娶的女子，這對山地青年的本身，也未見得就是愛人以德。

我們大家談到這些事，我們大家都覺得有些事，越是把它當成一件事，反而越是討麻煩，倒是從旁聽其自然發展，自然淘汰，反而會有自然的巧妙，自然的生長和自然的良好結果。那山地女助產士在旁只聽到我們的言談，卻不明白我們的意思，見到我們笑，她也就笑，她在一旁，只顧勸我們喝茶，向我們顯出山地姑娘的美德和山地女子的性情來。隨後我們的一群又從外面進入了一些人，看看人愈來愈多，我就提議大家一起去房子外面的空地裏，合照著一張相。這時外面有兩位年青的山地姑娘走來看熱鬧，於是也請她們合照著，起初她們怕羞，想來照又不來，她們天眞得有一種奇趣，這奇趣是一種山野趣再加上一種女孩的憨態和一種少女所特有的甜味所形成的。人們都稱道四季村裏的山地姑娘美。但人們都似乎還沒有體領到這所謂美，究竟美在哪裏？

由勝勳巷歸來之夜，我一人又佇立在那一青石疊成的矮牆上，這時我們的一個山坡上，一排一排的茅屋是靜靜的排在那裏，月亮這時已出現於山中。月亮照在山胞們的屋頂上，於是四季村的四季巷更顯得是靜靜的。濁水溪從遠處迎面而來，雖是溪流有聲，但也顯得是靜靜的，溪水兩岸的的高山高聳著，青青的，更是靜靜的。

部落周圍的果樹和雜樹，雖然像是有微風吹著，但畢竟是靜靜的，鳥聲聽不見，蟲聲聽不清，人聲更是聽不到，剩下的風聲和水聲，聽來總覺得是靜靜的。山中的靜，不是別處的靜，而四季山中的靜，更不是別處的靜。白天我體認到山地人兒的奇趣，這時我更進而體認到這四季山中的奇情，那眞是令人沉沉了。那不是令人沉沉欲睡，那只是令人沉沉的思和沉沉的想。天底下的山胞的茅屋沉沉，茅屋裏的山胞的燈火全熄，他們和她們在那裏安靜下來，他們和她們在那裏安息下來，他們和她們都眞眞實實地是善良的人們，他們和她們總應當的的確確是有福和有前途的男女。他們和她們不貪舒適，竟舒適地睡著了。現代文明談舒服，其實舒服裏不會有文明，人類的眞的精神是在舒服裡消失了，見不出精神，就見不出眞的文明。

我們這一次走入深山，走入高山，目的是想幫助山地的人們，發展一些山地園藝，這可以幫助他們改善生活，也可以幫助平地以至整個國家民族解決一些可能解決的問題。我們此行的使命，也會是很大的，高山有水，深山有寶，就山地人們的本質而言，人間樂園建立於山地，不會是不可能的。今天我們聽見那位女助產士說：山地的婦人幾乎沒有流產。她們懷孕，直到分娩前，都照常從事田間和山間的工作。她們分娩之後，三天或七天之後又從事工作。看看這樣結實的山地母親，你就不難想像山地結實的孩子。當你再去看看山地結實的孩子時，你更不難想像在山地所可能完成的一切。

在山地會盡有一種精神，在山地會盡有一種智慧。這精神是孕育在山地母親的懷中，這智慧是深藏在山地孩子的眼裏。

說到山地和園藝，我們是分明見到種蔬種果都不會不相宜，而且山花到處長，又長得好、開得妙。目前大家都知道：台灣的香蕉是很有名的，數量多而質量又好。去年同時期中，我帶了一批師生到過南投縣的信義鄉，更到過台中縣的和平鄉，這都是山地鄉，信義鄉的內茅埔，十甲、二十甲和烏松林，風櫃斗一帶遍山是香蕉，和平鄉的稍來坪南勢一帶，連山頂也種了香蕉，這使南投成了香蕉的王國，這也使台中成了香蕉的天府。但在推廣香蕉之先，第一株香蕉被種植到山地時，又誰能逆料到就在那裏，不久之後，會出現著一個香蕉的王國和一個香蕉的天府呢？在那裏有多少人家以香蕉爲業，靠香蕉爲生？在那裏，有多少外匯，靠香蕉而得，靠香蕉而來？只因一株香蕉在若干年前首先栽植之故，便曾幾何時，讓人民和國家，雙收其利。

現在又臨到我們走入深山、走入高山，計畫著推廣板栗胡桃，還計畫著種植蘋果和優良的梨、夏季的菜等等。將來就是開闢不出另一些果蔬的王國，形成不了另一些果蔬的天府，但在山地遍佈著一些板栗林、胡桃林、蘋果林和另一些梨園菜圃，這給山地和平地俱蒙其澤，自不待言。

當山地會因園藝而興，國家自然也會因山地而盛，同時，人類最初的樂園會在山間，人類最後的樂園，亦即是失而復得的樂園也就不能不在山地了。我到了四季，我不能不設想著四季的樂園呀。

12. 四季的晚會

在我們看了濁水溪另一岸山下的水田之後，在我們看了那溪旁山下水田之上灌溉工程所形成的飛瀑之後，又在我們探了探那飛瀑所由來的水源和山谷之後，更在我們看了正對著四季的部落、而遠遠在濁水溪一側名馬羅亞的大平台地以後，我們回到四季，休息了一個下午，這時已有不大不小的雨了。又開了一個晚會，這時已是下著大雨，並且是通晚不停了。

因爲下雨，原打算把原來提議當晚和四季山胞聯歡的晚會停開。我們預定的晚會地點是在四季國校的大禮堂，那是靠近我們的住處，距離四季村四季巷的山胞住宅有一點路，而距離四季村勝勳巷的山地人家尤其要走一些路，我怕兩個部落裏的人們在雨中，尤其是在晚上，山行不易，就要我們把晚會停開。但是出乎意外的，山地的四季村的男男女女，竟有不少的人前來我們的住處，表示著他們的希望，還是要冒著雨，把晚會開了起來。我們幾天來和他們都相處得很好，我們對他們固然有了感情，而他們對我們則似乎已有了熱情，終於由於四季村四季巷和勝勳巷上下兩個部落裏的人們的熱情，我們仍是冒著雨，照原來的擬議，開著晚會了。

在晚會中，國校的校長和村中的首要都很熱心。我的男女學生幫忙他們佈置會場，我們還獻出了一些糖果等，作爲當晚的聯歡和第二天一早就要告別的一點禮物。在我們的住處附近懸著半截鋼軌作成的鐘。當一打響了的時候，四季上下兩個部落裏的男女老幼，都手持著火把跑來參加了晚會，情形是頗爲熱烈的。

晚會開始，我們是那首先所致的歡迎詞中的對象。這使我不能不起來說幾句話，我的話被翻譯成山地語，山地的人們靜靜的聽著。我引了玉山下面一個山地，部落名叫東埔的一位鄉代表所說的話。他說從平地可以看到玉山而在玉山旁看不到平地，是表明他們的孤陋寡聞和寂寞愁苦，我於此寬慰著他們說：由山地到平地是容易的，可是由平地上到山地卻十分艱難。更大更多的希望是在山地，更深更高的將來也是在山地。山地自成境界，山地自有前途。有了一些大的林木和一些好的果蔬，就可以解決山地的問題，而山花處處，更可妝點著一切。我把這意思用極淺近的字句說出，我是十分希望著山地的人們，能夠切實對山地有其應有的信念。

山地的歌，山地的舞，加上山地的人兒和山地所特有的一種氣氛，儘會讓走入山地來的人們聽得入神，看得色喜，而深深感到他們一己只有這時候，方眞是置身於另一種人間，另一種世界，另一種境地，像有了一種奇遇，有了一種奇情，有了一種奇的解脫的經驗。

有一次是四位山地姑娘合舞，其中一位臉上特別顯得紅暈，眼睛也特別有神，臉龐相當圓，舞的步伐也很圓熟，但總是舞在那三位姑娘的後面像有點瑟縮，其實她是動人的，她的舞更是動人，那舞在前面的，卻不一定能夠引動人，但是舞在前面的十分起勁。

有一次是一位山地姑娘單獨舞，年紀較小而個子也小。她跳的是平地的流行舞，她一面唱著的也是平地流行的歌，她已成了山地歌舞隊的出色人兒，但對我，一點興趣也沒有。我眞不知道她爲什麼要「抛卻自家無盡藏」，而偏要在山地學著時髦？

還有的跳著山地的改良舞，這也不成話，內部山地舞的精神所在，都被改掉了。大家不能理解，又如何能爲她們改良呢？

我們之中，也有參加歌唱的，這在山地的人們，也感到興趣，其實這不過是感新奇。

我們對山地人們的歌舞，最初的感覺也是新奇，但如果僅僅是感到新奇，則一看再看之後，就必然要厭棄。這必須越過新奇，進而同情著，進而理解著，他們要知眞正的山地歌，背後會有東西，眞正的山地舞，背後也有東西，這背後的東西，是應該知道的。

這一次的晚會，一直開到將近夜半，將近十二時，才告結束。這所以要結束的原因，還是爲了我們明天一早要跑路，一早要離開四季到埤南去。那一晚，雨是那麼大，又那麼一刻不停，可是冒雨到來參加的山地男女老幼，卻又那麼多，又那麼來了就不想走。在這裡，你當可想像當時的熱烈情景，但我在當時，坐在一個最顯要的椅子上，只是靜靜的聽，靜靜的看，又靜靜的想。我知道眞正的山地歌和山地舞，在那一次熱烈的晚會中，拿出來的還畢竟有限，只不過，這不也儘夠了嗎？在山地，你只要能夠靜觀，能夠靜聽，能夠靜想，就是一點點也就夠了。這在山地所舉行的晚會中，也是如此。對山地的歌，你不好粗心，對山地的舞，你不好怠意，在山地，在山中，在山上，一切你都須得細味一番。

13. 馬羅亞

馬羅亞這一個高山族所叫著的名字，現在是四季對面的一個大平台。可是在以前是一個大部落，那裏原本有很多山地人家，但在日據時代，因爲一次天花流行的緣故，死亡了百分之八十以上，剩下來的一點人家，便不敢再住下去，而搬移到他處了。

馬羅亞這一大平台地，有一百多公頃，我和一部分師生花了半天的時光，在那裏觀看了一番。我們看不出過去部落的一點痕跡，沒有以前遺下來的一棟房屋，也沒有以前遺下來一座墳墓。那些因一次天花而大批死亡了的人們，固然無蹤無影，就是那些在天花流行下而倖免於死，逃至他鄉的人們，也是無人得知。只一大片的灰黑土是永遠堆積在那原來的處所，只一大塊的平台地，是經常在那裏孳生著各種各樣的樹木，各種各樣的雜草。於此只有土是不朽的，地是永生的，人是只能在那土地之上來往著。但有的在那裏生根，有的在那裏飄。只有有本有根的會有力量，會歸於土，又歸於仁。至於飄的，便只有隨風飄泊，輕輕的，軟軟的，無一根骨，無一寸心，無一點靈，終於是無一絲氣。馬羅亞眞像是一個古戰場，但那是一種人生和另一種人生的古戰場，而不是一種人和另一種人的古戰場，在那裏大可以憑弔，在那裡，你也大可以學習。就目前的時代而言，飄會就會一種天花流行，那眞是一種可怕的病。

當我們向馬羅亞而去時，我們首先走下了我們的住處的一個山坡，又走下了四季村四季巷的一個山坡，於是我們走到了環繞著四季村中上下兩個部落前面的一條溪澗。那裏的水，特別清晰，那裏的石，也特別玲瓏，我們爲了洗臉、洗腳，曾經連日不斷的踏著那裏的石，我們爲了洗衣、洗身，曾經連日不斷的戲著那裏的水，水上有一座長木橋，雖不很好過，但我們卻一下子過去了，回頭再望著那清溪，偏斜地流入了濁水溪，我們順便又抬頭望了一望四季。

渡過了清溪上的橋，我們便不能不沿著濁水溪的溪床一側，逆著濁水溪的溪流而行，我們走到了相當的遠，我們就不能不想法越過那濁水溪，幸而有一座臨時搭就的竹橋在溪上，同時，橋下的水，因爲是在那一晚下大雨開晚會之前半日，所以不很大，於是我們又一下子過了橋。

在到了竹橋的另一端時，在到了濁水的另一側時，我們又在溪床上向左走一會，接著我們走到一條泥路上，兩旁都是很深的蘆葦，泥路有幾段被水淹著，又有幾段，蘆葦合了起來，我們就是那樣走入水中又穿入蘆葦。隨後我們走到了上山路。

上山路幾乎是沒有路，路徑既是十分小，而雜草又長得分外多，我們認定了一個方向走，於是我們走了一個山坡。在那山坡上我們可以望到那馬羅亞大平台的一側。這時我們已經走到那馬羅亞大平台的後方了，馬羅亞前臨濁水，後接一大山，我們是先走到那一大山的山坡上。

我們從那一大山坡上，轉而朝著馬羅亞的方向走下去，下到一條小澗邊，澗水很清，流得很急，那已把大山坡和馬羅亞之間流成一條很深的壕，這便使那大山坡和馬羅亞那大平台界限清楚得很。

由澗水旁再爬上去，穿過一條彎曲的山徑，兩旁不是茅草，便是樹林，樹林中我們看到一株很像是野生的板栗，但細看起來，方知是五倍子，樹林很深，光線已經很差了。繼續走著，又不覺見到了一條小水。這小水把馬羅亞劃去了一小部分，形成了一個小平台，或是副平台，這從四季的部落那裏，是看不出的。

我們走過了馬羅亞的副平台，就走上了馬羅亞的正平台了。

我們在那裏走出了茅草合著的路，就見到了一個種植著甘藷的墾區，在那墾區裏，我們首先遇見一位在墾區工作的，是從四季來的小姑娘。她埋著頭在那墾區裡用一根小鐵鋤，跪在泥土上，只顧鋤著土。當走到她的身旁邊時，才知道她跪在那裏掘取著甘藷，身旁放一個竹簍子。我們問她以後，才知道這一大平台地名叫做馬羅亞。墾區的右方是一座樹林，像是不再會有著去處。我們奇異著爲什麼會只有這一位小姑娘留在那裏？太陽曬著小姑娘，山地裏看來更是滿臉通紅，她一面斷續地回答我們的問話，又一面繼續做她自己的工作，她跪在泥土裏不起身而只是向我們抬頭看又回頭望，我們佇立在她的左後側，我們看看她又看看她鋤著的土地。她竟像是要憑她一個人一手復興著這一大平台，她親近著那裏的土，她貼合著那裏的土，她跪在那裏工作，她眞像是生了根，無窮的力量，無窮的希望，無窮的熱和無窮的美，都像集中在她的身姿上，而她的矯健，形成她的堅實，又形成她的溫潤，形成她的善良。

那一墾區墾了的只有幾公頃地，未墾的荒蕪地還多得很，那小姑娘一早從四季而來，竟先我們而至，並且已經在那裏工作了一會，同時，我們很奇怪，爲什麼竟只有她一人來？我們四顧無人，確只有她一人在。我們都以爲那樹林裏不再有去處，但經了那小姑娘的一指點，我們穿過那樹林，竟忽然見到一個空曠地。那又是一個墾區。這時我們才發現了那一位小姑娘的同伴，是在那另一墾區裏工作著，那裏還蓋了一個工作寮，自然是用茅草蓋的，簡陋得很。

我進去看了一下，這看到了那裏面燒著一堆柴所剩下來的一堆灰，和幾根還未燒完的赤楊枝，她們或他們不是在那裏烤火，就是在那裏烤東西吃。火灰旁邊還有幾個空酒瓶，這證明他們或她們還在那裏喝了酒。這使那裏的工作寮又成了她們和他們的一個野宴場，不消說，痛飲之後，又是歌舞了。在那裏的歌舞，那是眞正的十足的山地歌舞，只可惜我們不能在那裏看到。

我們走過了那另一墾區，又進入了一叢樹林，不久之後，我們又走到了第三個墾區。這一個墾區比較前兩個墾區還要小，那像正在著手開墾，火燒的痕跡猶新，樹木在距地相當高的地方被砍成一個架。樹被燒成光禿禿，半腰被砍而未斷，於是橫倒在另一樹上，而此另一樹木又復被砍倒在另一樹上，就如此構成了一個大木架。木架下面種植著甘藷，或花生，那是一片青，或是一片綠。爲什麼要把燒殘了的樹，如此架起來？那是因爲要讓太陽晒，等晒得很乾了的時候，再去砍成一段段，便好用一個木框框子背回家去做柴燒。她們或他們在黃昏時候，田間工作之後，總常是背著那一條條的樹枝回家去。要不然就是背著甘藷，背著粟穗，要不然，就是背著孩子。

我們在馬羅亞的大平台地上，如此由一個墾區到一個墾區，穿過了樹林，也穿過比人還要高多的茅草，終於我們走到了一個下坡處。我們估計我們走過了的地方，是不只一百公頃。我們由那一大山坡過澗水，走入馬羅亞，見到小姑娘之後，就右轉彎，一直向前行，已是走了好幾里路，才見到一個下坡處。馬羅亞的大平台，眞是平，但一到下坡處，卻又陡得很。那一帶的坡地，還是只有山地的人們在那裏墾。她們和他們把石片聚成堆，又堆成條狀，形成了一個不規則的梯。但我們問她們和他們時，我們才知道那已不是四季部落裏的人們，而是屬於埤仔南那一部落裏的男女。

在那馬羅亞大平台地下坡處墾著坡地的埤仔南人，指點了我們怎樣走下那一陡峻的坡。我們被指點著必須要用兩手扯住那燒殘了的茅草根，像把身子吊下來似的，慢慢的又曲曲折折的走下去。當走下去時，腳底下的土礫和石塊往下沉，有時一大堆土和石溜下去，人自然也隨著下。這時要不是兩手緊緊扯住茅草根，就須得滾下山坡去，那是不堪設想的一件有關生命的事件。

我們倖免於難地下了馬羅亞的山坡，回頭一看馬羅亞，那眞是高得很，那實在是一個大山頭。在那大山頭上，從這山坡下看上去，誰也不相信那裏會有一塊百多公頃的大平地，那大平地只從四季那樣高和那樣遠的地方望，像一個台，所以大家就稱那馬羅亞爲大平台。我們爲什麼要那樣冒險下那大平台呢？那是因爲我們在那大平台上一直走，走了很遠，要是再走回頭路，就更遠了。

我們一下了馬羅亞的坡，就遇到了一條從山頭直流下來的水，但我們不須越過去，只須沿著那溪流而下。於是我們又到了濁水溪的溪床邊。在那裏濁水溪的溪床一側，就是馬羅亞大平台的一側，有一個崖，崖下是濁水，我們又須通過那崖邊的一段險徑，如此再到溪床。再過溪床，再過溪橋，我們方平安地又回到了四季。

14. 埤仔南

昨夜是一個盛大的山地歌舞會，歌舞到夜半十二時，今晨一早起來，我們就要告別了。我們在一夜大雨之後，天空烏雲猶佈滿著的時候，告別了四季，向埤仔南的一個山地部落而行。

大家擔心著下雨，但我們不能延誤我們的行程，我們打算就是下著雨也要走，於是我們一行二十餘人又向更深更高的山地走了。

給我們背著行李，並伴著我們行走的，有好幾位四季部落裏的山地姑娘，她們之中有的還是昨夜歌舞會中的歌舞能手，也可以說是山地的歌舞明星，其中有一位歌星並舞星的，就是那位有點瑟縮的四季村的少女。

我們一行人，再加上給我們背行李的山地青年和山地少女，在濁水溪的河床上，逆著濁水溪流而行，那眞是在深山中、在高山側，顯得有點浩浩蕩蕩。

我們又重經馬羅亞的大平台之下，過了竹橋，又過了危崖，直到馬羅亞的另一端，那裏橫著的一條從山頭急急下來的溪澗，行將要與濁水溪相會合著，使我們這時候必須要越過去，才好去到另一個大平台，那就是在四季部落裏也可以遠遠看到的埤仔南大平台。幸好那溪澗之上有一個獨木橋，橋旁並弧形的設置著一個木欄杆，可以給手扶著手，就這樣，我們全都好容易地渡過了。

在那一帶的沙灘中，我們找到了一種特別的蘭正開著花，花不幽而野，但也就好在那一種野，並野得特別，那像是澤蘭的一種。把那種蘭去印證著給我們背負著行李的歌星和舞星們，除了那一位有點瑟縮少女以外，那都會是很恰當的。

我們當在溪邊雜草中行著的時候，我們的衣褲都濡濕了，我們大家都似乎一面在回味著昨夜裏的山地歌和回想著昨夜裏的山地舞，又一面在走著今天沙灘上的路，和踏著今天溪床邊的草，因此我們對衣褲的濡濕，都像是完完全全地不知不覺。

當我們到達埤仔南大平台之下，並心知埤仔南的部落就在那大平台之上時，我們還爬了半小時的山，我們從下面爬到山坡上，足足爬了半小時，足見那山坡的坡度之大。山坡自然是曲曲折折的，在山坡路轉來轉去看溪流，看山景，並看遠遠的四季部落，那都很清楚。

上到埤仔南的大平台，就是埤南國校的大操場，在那裡再左轉向上行，是埤仔南的上部落，叫做埤南。右轉向下走，有一點路，看到的另一部落，是埤仔南的下部落叫做開南。

我們一部分人住在國校教室裡，一部分人住在埤南的村辦事處，我們的行李都先在國校的操場上放下來，背行李的山地姑娘，有的走得快，也有的走得慢，等大家的行李都到齊了的時候，我們要給那些爲我們辛辛苦苦背負行李的歌星和舞星照一張全體相，只是其中有一位還是那麼瑟縮著，規避地不肯和大家一同照。這時天上的烏雲早散了，我們在來埤仔南的途中，不僅沒有遇到雨，後一截路，我們還遇到了太陽，那一瑟縮著的四季部落裏的少女，臉上被曬著是顯得更通紅了。

埤仔南的上下兩個部落，沒有四季上下兩個部落相距那麼遠，但戶數是少多了，同時還顯得破敗，遠沒有四季的部落那麼殷實。在國校大操場裏有好幾位山地孩子在玩，在跳，但其中就有不穿褲子的小女孩，臉上是鼻涕，肚子大概是因爲有蛔蟲的緣故，特別顯得大，有一位小女孩像是特別野，後來另一位小孩告訴我說：「她是啞吧。」這啞女孩當我和她玩時，竟特別高興而且得意起來，她只是啞啞的笑，其他的孩子似乎不大喜歡和她一起玩，她又髒又醜，有點可怕，以後在我住在埤南的時期中，她一見到我，就跑到我的身邊來，她笑的時候，竟像是一種慘笑，笑得使我幾乎落下眼淚。

埤仔南兩個部落之間，很有一些水田，在國校的背面，有一股水從山頭流下來，經過著一部分水田，流成一個沼水，水很清，埤仔南上部落裏的人們在那裡洗衣洗菜，我們也在那裏洗臉洗菜，這水渠再往埤仔南下部落裏流去，水流淙淙不息。照理水稻應該長的很多，只是一則那裡的山胞不知施肥，二則那裡的山胞對著病害或蟲害的防治，是束手無策，所以常常是收成不佳。當我們到那裏時，我們遠遠看去，水稻都像長得很好，已是青青的了，但走近一看，大都生了一種蟲，那是稻包蟲，蟲害已深，看來這次埤仔南水稻的收成，是不會有什麼希望的。

我們的一行二十餘人來到埤南，又跑去開南。兩處的山地人家，看我們來確是感到有點驚異，據說那裡從來沒有這麼多的人到達過。那上下兩個部落裏的狗已經可觀，可是當對我們一起狂叫著的時候，那是更有趣而有點可怕。

我們調查了埤南，接著調查了開南。那一帶沒有開墾的地還很多，埤南的部落後面有一塊大平地，雜草叢生，其中又種植了一些梨樹，據說：這是他們的公共造產，大家管的東西，結果大家都不管，這在山地，也和平地一樣，不能例外。

另外我住處的後面也有一點平地，種了一點番茄和蒜頭等等，這怕是國校的先生們種的。開南部落前面有一大塊地種了一些苧麻，長得很不錯，苧麻對山地，在編織的手工業上，是很重要的。那一帶還有一點柑桔樹，生長亦佳，但不知果味如何。整個埤仔南的大平台，其面積也不下百公頃，比較馬羅亞的大平台，看來也小不了多少，如果這兩個大平台，都能好好地在園藝上利用起來，那眞是兩個美妙的所在。

埤仔南的小米，我們吃了，而且還去過一位山胞家，親見到一位女山胞在那裏舂著小米，以去皮殼，那舂小米時的一股勁，十足表現了山地婦人們的一股勁。

埤仔南附近的山頭又產有一種菇，黃色，被稱爲黃菇，有兩位山地孩子被我們僱來採黃菇，採了兩天，供我們飽食了兩頓，其味極鮮，不是一般的香菇可及，亦不是雞湯可比，這是無可形容的一種黃菇鮮，只是這黃菇一運出埤仔南就不鮮，而且就會壞，因此黃菇只能跑去那埤南的部落裡，在我們去的時候吃，換過一個地方、換過一個時間都是無法吃到的。

15. 埤仔南的歌舞

自然比埤仔南的黃菇更有味的，是埤仔南晚會裏的山地歌和山地舞，那和四季部落裏所舉行的有點不同。一般說來，四季的歌舞是很經過了一番改良，很爲進步，並很爲有名的，但就眞正的山地歌舞來說，我們還是對埤仔南晚會中的表演，印象最爲深刻。

在我們離開埤仔南的前一晚，大家和埤仔南的山胞舉行了一個晚會，那是爲了聯歡，也是爲了藉此我可以把我們這次入山調查的用意，向埤仔南上下兩個部落裏的人們說一說。在埤仔南派出所旁邊有一個中山室，那是一棟破舊了的日式房屋改成的，屋頂亦是用茅草蓋著，裏面有一個台子，歌舞的表演是在那台子上，台子的木板也有一點破爛了。

在埤仔南晚會裏的節目，要比在四季晚會裡的多得多，他們和她們都像下了一番準備的工夫。那一晚的歌舞，我記得的有高山青，有山地舞，有肚皮舞，有獨唱，有山地的女孩合舞合唱，又有一個大家認爲是最原始的山地舞，更有兩個新鮮的舞，一個是由一位女孩舞了之後向我獻了一束野花，一個是由一位少婦，據說是一位警員的太太舞了之後，向我獻了一束玫瑰花，我把這兩束花隨後都轉給了我們參加那晚會歌唱的女同學，一位是外省籍，一位是本省人。

歌舞台上點燃著五根蠟燭，台左有一架風琴，是伴奏著歌舞的，台右有一只洋鼓，是擊打著節拍的。風琴伴奏還可以，洋鼓就眞的是多餘了，山胞們好熱鬧，也許是山胞們有取於洋鼓的熱鬧和嘈雜。台下只有兩行座位，大都被我們坐佔了，我坐在最前一排的中間，我成了那時候的山地裡的上客，山地裏的男男女女擠滿了中山堂，又有不少人站在中山堂的窗子外。她們或他們有的站久了，就坐在地上，畫藍紋的老婦人，口啣著一個菸斗，少婦們則有的懷抱著嬰兒，一面餵奶，一面看，又一面低低地和著台上的歌舞在那裏幫唱著，至於老老少少的男山胞，則更形形色色，孩子們在台上的歌舞熱烈進行中，也很能夠靜靜的看，靜靜的聽。

晚會開始了，和在四季一樣，我們被歡迎之後，就由我來說話。這次我引用了南投縣仁愛鄉望洋部落即痲栗巴的一首歌詞，那歌詞是要人離開望洋時步步回頭，一望望洋。我說：我們明天離開埤仔南了，我們也要步步回頭，一望埤仔南，並且要把埤仔南的歌聲帶回去，帶到遠遠的地方去，我臨別的贈言，只是希望大家多種一些好的果樹，以便將來有好的結果。好的蔬菜和好的花，也應當種，把生活改善了，歌舞就更會頻繁。

高山青之後是一般的山地舞，這接合著山地的勞動情調，亦反映出山地的一種高山流水之情，那像一會兒是高山，一會兒是深谷和深谷裏的水，只一簡單的姿態，就暗示出了一種山水的清音。

肚皮舞十分表示出山地裏的智慧和幽默，把自己和肚皮畫成人像，又把自己肚皮以上的部分完全掩蓋起來，只給他看看他的肚皮在表情，又在那裏舞，這使大家笑得前仰後合，肚皮作痛，這是一位山地青年的創作。

山地姑娘獨唱大都是女高音，男的獨唱也差不多都是高音，她們和他們似乎都歡喜高音，並善於唱高音，配合著深深的山地和高高的山地，高音是更可把人提醒的。

給人以無數的幻覺並給人以很高的想像的，是那被稱為最原始的山地原始舞。一個大漢子出台了，赤足短褲，上身穿上一點衫，額上有藍線，那是一個十足的山地大漢子。他一出台就是一跳，他一手拿著像一枝自來水筆樣長的銅片，作為口吹的樂器，放在口邊，一手又像拉一條線，線是繫在銅片上。於是他一面跳，一面吹，一面拉，起初聲音微小得很，隨後便只聽到「撲撲撲」的響，跳得愈急，響得愈激，「撲！撲！撲！」之後，又是「嗄嗄嗄」。終於是一足連腿提得很高，一足獨跳，一身輪輪轉，又一口「嗄嘶！嗄嘶！嗄嘶！」地像發狂似的連吹帶舞，原始的情調，原始的精力，原始的吼聲，和原始的步伐等等都一起拿了出來，表現出一種原始的緊張。表演一完畢，就令人深深地呼出了一口氣，這眞像是一口原始的氣。如此一來，我們看的人，也就像和那舞者一樣，深深獲得了一種原始的愉悅。

在這裡我們可以了然於近代人嚮往著原始，甚至追求著原始的享樂，是什麼樣的一種心情。只不過近代人終於是十分不理解著原始，他們不知道什麼是原始？他們也不知道原始的眞意義。原始是一種「野」，在文敝和禮失了的時候，野是一種生機的潛藏，一種精力的儲備，一種流勢的待變和一種運動的待發。在那裏人們可以返過來，回過頭，悔改著，並從而「復其見大地之心」，於是禮失了，可以在那裡求，文敝了，可以在那裡轉。這是一陽初動處，這是貞下起元，由元而亨，那便是又由原始而文明。因之原始的愉悅，會只是「不失其赤子之心」，這是近代人的心中是很難以理解著的。

山地舞中有一個叫做「大家起來」，那是舞來極其輕鬆和快樂的。在那裏自然會有著山地裏的一種童心。那在月光下，露地裏舞著，或在曠野和月光下舞著，會更爲動人。

有兩位南澳鄉金洋村裏的山地青年，也於剛抵埤仔南時，就來登台，參加了晚會。他們之中，有一位唱了幾個歌，又有一位唱歌之外，還跳了舞，而且跳的還是化妝舞。我們參加進去唱歌的，是唱一些流行歌，也有唱民歌的，這對山地裏的人，也感到一種興趣，她們和他們竟高叫著「再來一個」。

晚會開到十一時二十分才散場，於是我們又是要一覺之後準備他往了。

16. 鞍部和有勝

我們由埤仔南去鞍部又去有勝，接著又由有勝回鞍部再回埤仔南。有勝是屬於臺中縣的和平鄉，我們這一次由埤仔南去有勝，是由宜蘭縣的太平鄉一直到了臺中境，這已是走出了我們所要調查的太平鄉的範圍了。

我們去年暑期調查臺中縣的和平鄉，曾由佳陽，桃源，環山等部落不斷前行，原思直抵有勝，但因爲連日大雨，溪水漲著，將到有勝時，無法涉水渡河，便又折返環山。在山地，溪水一漲，便只有眼望溪水急急流去，人若涉水，是要被水沖走，或被水沖著石塊打斷足趾而墜入水中，以致喪命的。

我們之中有的無法於一日之內，來往於有勝和埤仔南之間的，我就要他們或她們絕對不要過於勉強。因此我們就分成了三隊，一隊是只走到去鞍部的中途而止，一隊是直達鞍部而回，再一隊就是我們的一隊，去到有勝，又於當日回抵埤仔南。我們的一隊都是擅走的，我也是擅走的一員，女同學和女先生都沒有參加我們的一隊，也沒有上到鞍部。

由埤仔南去到鞍部，要先在埤仔南大平台的上方，走下大平台，那也是一個很高很陡的大山坡，在那一大山坡，山胞們也墾了，種了一些甘藷，也種了一些其他的作物。我們穿過了那些甘藷和其他作物中的小徑，就下到了一個溪床，這是濁水溪最上流的一個支流，支流的水，很是清淺，我們在那裏踏著踏腳石越過去了，由此再走了一些較平坦的路，便又遇到了一條水，這是濁水溪的源流，我們溯濁水溪的源流而上，傍著一座山崖走去，水流山谷中，自是急流，打在石上，常常作響，這水的響聲，在山崖旁聽來，眞使我回想起家鄉的一處山水，千里之外，竟會是一般情景。埤仔南的村長說是那一帶的山中，有一種草可以醫治我的牙，但他終未採得，而我的牙這時候已不作痛了，在那裏，我像是到了一個最爲熟悉的境界，忘了目前。

慢慢的又走上了山崖，崖旁有一片蘆葦，在那蘆葦中，從崖旁倒下了一株大樹，橫壓著一些蘆葦。大樹差不多漸漸腐朽了，這亦不知道倒下了多少時日，有一叢石斛蘭在那大樹上，我取來了一些。山中大樹倒下來竟沒人理睬，那是因爲那一帶的山頭，大樹多得很。

過了一座山崖，我們就走到了鞍部大山的山腳，在那裏有一點空曠的地方，更有幾座大石塊，於是我們便坐下來休息了一會，由此便要爬登峻嶺，直達山嶺，於是我便在那一石塊寫上幾個字，要那不屬於有勝和鞍部隊的人們，都到此爲止，不必再前進，因爲前進確實是太艱難了。

路上遇到一位山胞，他問我們到哪裡去？我們就只說：要到鞍部去，他便告訴我們，那一帶有熊，但我們亦不顧而去了。

當我們經過濁水溪的最上流的沙灘時，沙灘上的茅草叢生，但亦生長著高砂百合，伸出長莖於草叢中，並於莖端開著純白色的花朵。這時候，朝陽已照在溪床上，自也照在百合的莖端和莖端上的花朵，於是白百合更是白了，微風又輕搖著白百合，白百合在陽光中閃爍著。加以溪水聲和鳥聲，伴以青山，尤饒聲色。這使天上的碧雲，也凝聚在嶺表，就如此像一下子形成了一種白百合的大地。

我們離開了白百合的大地，過了山腳，就更不顧有什麼熊，而向鞍部一直爬上去。

鞍部是宜蘭濁水溪和臺中大甲溪的分水嶺，兩條臺灣的有名的水，一個在那裏東流，一個在那裏西流著，就因爲這樣，鞍部就成了那一帶的最高處，有海拔二千多公尺。我們在四季部落裏住下來的時候，就有人指示我們，說遠遠的極高處有一個山凹，像個馬鞍，那就是鞍部，我們現在從鞍部大山的山腳，要一直爬上鞍部去，滿額大汗，那當然是不消說。

上鞍部去的山坡，其坡度有的地方直到了九十度，我們手拉著山徑旁邊的樹枝懸上去，好在那山徑旁，有的是樹枝和其他的揸手處。

我們爬上鞍部大山，雖然是滿額大汗，但並不覺得熱，這是因爲山徑大都是在林蔭深處，很難見到太陽，出了汗，風一吹，就涼了。加之處處啼鳥，處處山花，儘可令人忘疲，自也儘可令人忘熱，走山路是會有很多的好處的。

我們一行上鞍部去有勝的人，步伐在那裏無法一致，有的走在前面很遠，於是有的便落後很多，爲了彼此之間的聯繫，於是更在那鞍部大山中，此呼彼應地時時大聲的叫，大聲的吼，我們在那裏沒有遇到熊，也可能是那一帶已經誤認我們是獵人了。

終於我們到達了鞍部大山的山頭，當我們一到山頭，我們就見到一塊平地，而那平地又是在兩山間，就如此形成了一個巨大無比的「鞍」，讓那裏被稱爲鞍部。

鞍部原本有部落，並有警所，但部落早已搬遷了，而警所在光復時，因爲山胞對日本人的仇恨，也被一把火燒光了。現時在右邊一個山峰旁還有一塊水泥地，那就是日本警所的舊址，四周都是比人還高的茅草。我們從山路旁走到那一舊址，是鑽入茅草中而行，兩臂都被茅草割成一條條的痕，在那舊址之上，我們休息了一會，我們喘了一口氣，我們四處張望，我們看到那全鞍部的平地，確實不小，我們都覺得那裡大可以種蘋果，這樣，全臺灣會吃不完那裏的蘋果。目前那裏是大片大片的茅草，在茅草中，我們最大的發現，一個是野生的樹莓，一個是野生的胡頹子，這時候都正結著果，給我們飽餐了一頓。像那樣的山味兒，一般人眞是不易嚐到，因此我們還採了不少下來，打算給我們那一批停留在鞍部山腳下的人們，去一添口福。

在鞍部大平地的茅草邊緣，就是那兩山峰。兩山峰的山坡上都頗有一些老而枯了的原始木，那是檜木，皮脫了，就成白幹。茅草，枯木，再加上燒毀了的舊址，和不再有一人居住的部落空名，會像是世外，又不像是世外，但由此而想像著一個洪荒，一個太古，是很爲自然的。

鞍部入口處，一回頭，就可俯視看埤仔南，又可遠望著四季，更像隱隱看見了留茂安。濁水溪在深山大谷中轉來轉去，總像轉不出去，因而焦急得不堪，那左邊的一岸，斜出著十一個山坡，那右邊的一岸，更斜出了山坡十二。馬羅亞的大平台，看得尤爲清楚。濁水盡頭是高山，而高山之外，自然還是濁水，由此更向雲端，無疑的，那會是太平洋的所在。

鞍部茅草中，一條小徑通至兩山峰之會合處，亦即茅草之另一端，我們繼續在那裏走，並一路食著樹莓和胡頹子，當山峰一轉，山徑一折時，我們便向有勝而去了。

我們這時是走著平路，我們這時異常輕鬆，我們左顧右盼，我們不覺又走到了一個水邊，那是大甲溪的最上流，水是清得很。於是我們遠別了濁水溪，也告別了鞍部，告別了太平鄉，並告別了宜蘭縣和整個臺灣的東部。

我們進入臺灣的西部，那是中央山脈背著陽光的一側，那是臺中縣境，那是和平鄉，那是平等村，那是有勝，那是屬於大甲溪的流域。

我們沿著大甲溪最上流的左岸，順流而行。看著大甲溪最上流的水，愈流愈低，而我們走著的山路，愈來愈高高在溪流之上，我們方知那大甲溪已流入很深的山谷，而我們是走在很高的山崖。

在我們走著的山崖旁，亦即大甲溪最上流所流經的深谷一側，我們陸陸續續的看到了一些平台地，大小一共是七個，我們認為這都可以種蘋果，或名貴的梨。

當我們走過那第七個平台地以後，我們再走了一陣，於是溪水不見了，我們走入茅草合著的山徑裏，我們的兩臂在那裏加多了一條條的痕，茅草高出於我們的頭上，繼續行去，不免著急，竟不料深山之中，高山之上，卻突然有人迎面而來。一位警員帶頭，細看是熟悉的，去年暑假我們到環山時就認識了。他是環山警所裏的人，他帶領著的是環山部落裏的山地青年。他們在那一帶爲了不久會有登峰隊到來，就義務地砍著由環山到有勝一帶山路旁的太長了的草和刺。我們相見之下，眞是喜不可言，我們自遇到他們以後，繼續向前走時，太長了的茅草和一些刺就不再阻擋我們的去路，甚至還要傷害著我們的臂。

有一條小水，從我們的左方斜流而出，我們從崖旁下到水邊，踏石而過，又爬上一個小山坡，穿入了一大叢茅草裡，這不是去環山的大道，而只是到有勝派出所的小山徑，所以茅草還是無人理睬，而我們去那裏則是爲了調查，調查那一帶的地，和那派出所的廢址。

有勝本來就沒有部落，日據時代有一派出所，派出所旁據說還栽了一些蘋果，但在光復時，也是由於日人與山胞間的深仇大恨，以致警所連那蘋果樹都一齊被燒成灰燼。我們爬出茅草叢，站在一個稍高處，看到一大片茅草地，並看到了一根燒剩下來的木柱，我們知道我們是眞正到了有勝。

我們走入那一大片茅草地，用兩手撥開茅草，走成一條路，終於到達有勝派出所的一座倒了的牆角邊，我們爬上那牆基上，望望環著有勝的山峰和山峰下的平地，也確實不小，在那裏種蘋果，當然亦不會有問題，茅草長得那麼高，那麼好，一開墾起來，就是一個好住場。

我們到了有勝，饑餓不堪，我們把我們攜帶來的食物，一下子就坐在那牆基上吃光了。

我們到了有勝，我們算是償了宿願，我們勝利的走著回頭路，回歸埤仔南，在中途茅草合著的山徑裏，我曾一失足，差一點滾到一個深谷之中，幸而有一位同去的學生拉著我，把我用力拉上來。以後想起，竟像是做夢。

17. 寒溪

由有勝鞍部回抵埤仔南之後，便經四季，留茂安，烏帽山，土場並直上太平山頂而返抵羅東，結束了太平鄉的調查工作。第一批先生和同學們就在羅東和我告別，第二批師生則又在羅東和我聚首。回到四季時，我們遇到颱風，濁水溪漲著水，所有橋樑俱斷，我們艱苦而狼狽地到達土場，但我們卻極愉快地上到太平山頂，又愉快地下到土場，在土場最後一個晚上的集會中，我問大家「何所聞而來，何所見而去」？我希望大家此行都有所得，我告訴大家山地孩子們的眼是亮得特別，山地的希望也是大得很，他們大家都生了根，可是我們大家還像是飄來飄去。

大家在羅東聚首時，我更是擔心著我們第二批二十多位師生，因爲第二批師生仍然由我率領著，是要去一個更難行走的山地鄉，叫做南澳鄉。南澳鄉的深山中是很少有人去的，據一位在仁愛鄉山地工作的馬主任說：以前日據時代，有一對日本夫婦一同由南澳鄉的出口處，進入南澳鄉的深山裏，半途中，爲婦的不能再走，爲夫的卻堅決要行，結果便協議離婚，各走各的，其艱苦可知。但我們這一次卻不顧一切，打算要從獨立山頂直下南澳鄉，自金洋，金岳，以至太平洋邊。假如我們這一批又能和第一批人士一樣，有多少人去，就能有多少人回，這自然更是一件莫大的幸事。這時候，我的牙痛已全好，就我個人說，我是深信著我會一路平安，但這是十分不夠的，他們和她們的父母把他們和她們交給我，學校把他們和她們交給我，國家也把他們和她們交給我，一出了事，便是報紙上的頭號新聞，我對他們和她們的父母要負責，對學校以至國家都要負責，他們和她們的平安，會更甚於一己的平安。

我和第二批師生，在羅東停了一天，因爲從獨立山去金洋村的搬運夫還沒有弄妥當，我們先到寒溪。寒溪村仍然是屬於太平鄉的山地村，那已接近著平地了。

去到寒溪村是十分方便的，太平山林場的交通車給我們乘坐著。我們先到寒溪村的四方林部落裏下車，停了一會，看了一會，就去到寒溪村的寒溪部落，隨後又步行到改名爲光明巷的光明部落和改名爲華新巷的華新部落，在那一帶來往，我們渡過了一條溪水。溪水清淺，渡去渡回都很容易，那一帶是一個很爲平坦的大山谷，三面是山，一面洞開著的谷口，便可通往羅東，直達太平洋濱，以至海山龜山之頂。

再從華新巷回到寒溪部落，我們又停了一會，那一帶的山胞，種了不少的水田，有了水田就比較富足，因而也就比較平地化了。那一帶部落裏的房屋，都是用青石片作著瓦，房屋的結構，也是大體和平地簡陋的房屋差不多，只是排列得一排一排，一看便知是山地部落。

到達寒溪村中改名爲古魯巷的古魯地方又是乘車，那裏住的人家不多，據說華新巷原來的名稱也是古魯。古魯是一種山地語音，古魯的山胞有很多是搬到華新巷去了。

古魯是在大元山下，那裏有一個大元山林場聯絡處，由那裏可以打電話到大元山林場。林場的交通車，以羅東爲起點，而林場的運材車則以古魯爲起點，木材由大元山先由運材小火車運至一個索道邊，再用這索道吊至第二個索道邊，輾轉吊至古魯旁，然後放在卡車上，由古魯運至羅東，運得頗爲頻繁。

古魯和索道站之間隔了一個橋，也隔了一點路。橋下有一股極清的水，這水就是我們由寒溪部落至光明巷和華新巷渡來渡去的一條溪水上流。我們在古魯那裏用了膳，又在古魯橋邊戲著水。然後我們走到古魯的索道站，我們就上那大元山。

我雖然已經和大元山林場的熟人聯絡，但索道上的車子卻很久沒有下來，因此我們便在索道站旁的一家小零食店中坐了起來，並且等了很久。索道是兩條鋼索從一個高得很多的山頭，緊拴在一個低得很多的山頭，作爲兩個山頭間一上一下的交通工具。木頭是用台車裝運，那是敞的，人則站在一個直立的木箱中，這叫做客車，也開有窗戶，但一車十二人，人擠人，站得挺直，就像罐頭裡的沙丁魚。當木頭由上面吊下來的時候，人則從下面被吊了起來，全是用一種物理的方法，並不要費什麼馬力。在林業上，索道的幫助是很大的，尤其在東方用得最多。西方大都開山道，用汽車，但成本甚大，工程過巨。雖然好處也許比索道更多，但總是比較不經濟。大元山並不很高，因此索道只有兩處，那是一個接上一個的。

我們在小零食店中坐候索道上的車子，一面又吃了一點東西。店中有一張桌子正對著窗口，窗口又正對著一座山，山下有條澗水，又有一條山徑。店子的位置是在一個小山頭，因此我便能在那窗口低頭俯視著澗水和通衢。風有時在那裏吹，鳥有時在那裏叫，我則有時在那裏打著瞌睡。眞不知身居何處？那不是荒山，那也不是野店，但我在那裏，確實懷著一種荒山野店之情，而且是情不由己，想到各種各樣的場合，好像坐在那裡，便可以一切罷休，便很可以從此終古。念人生所苦，苦在打算太多，到能不打算太多，到能不打算時，則一小店，既已接納著青山，自亦可懷藏著天地，任人遊息，任人唏嘘了。

終於索道上的車子下來了。這使我們的一群跳了起來，從沒有坐過索道車的人們搶先去坐，我當然也很願意那些人先行。當那些人被吊了起來時，竟是嘩然。於是有的說「上天有路」，又有的說「大家登仙」。當被吊在半途中的時候，在下面等候著乘坐另一次索道的人們抬頭望著，只見小手帕在窗口不斷的搖。再吊上去時，便漸漸地不能看清了。

如此坐了兩處索道車，一處運材小火車，我們便到了大元山林場，在那裏我們的熟人迎接著。第二天清晨我們沿運材小火車的路軌走去看伐木，小火車「幫幫幫」的從我們身旁而過，到此我們方知山胞們稱那運材小火車爲「幫幫車」的原因。

我們又參觀了一個苗圃，在那裏我們看到了兩株世界爺，那是地史前遺留下來的少有的樹木，歷史是最久，而長成了也是最巨的。

大元山的秋海棠也盛開了。我們賞花之後仍乘索道車下山，我們像由天而降，但大元山較之獨立山還是很低的。

18. 獨立山

由大元山可以清楚地望到羅東，望到宜蘭，望到太平洋，也望到太平洋濱的龜山島。我們由那裏回到羅東，便即乘太平山林場的小火車，再經三星、天送埤、清水湖、牛鬪、瑪崙到土場。更由土場改乘運材小火車，即所謂「幫幫車」到上太平山的索道站，由此我們被吊上一個大山頭，又坐幫幫車到另一個索道站。而被吊至另一大山頭，還是要坐幫幫車去到第三個索道站。

在第三個索道站，被吊去第三個更高更大的山頭。在第一個索道站我們穿單衣，到第三個索道站時，我們就須得穿毛衣而禦寒冷了。最後乘坐的一次幫幫車，才把我們載送到了太平山，我們住在太平山林場的招待所。我們一共由土場起坐了三次索道車，五次幫幫車，才到了那裏。我們在那裏一宿之後，又乘著幫幫車沿著太平山的一條伐木線，名叫茂興線走，又走到一個索道邊。這一個索道是沒有索道車載人的，只能吊一些行李過到另一個山頭，我們由那索道站旁下到一個大山谷，又從那大山谷底，爬上一個在那索道另一端的大山頭。這時我們的行李已早被吊到那裏了，於是我們取來了行李，我們還坐了一次幫幫車，才算到達了獨立山。

我們坐在獨立山的一個伐木工人臨時宿舍裏。我們才把行李由幫幫車卸下，放在住宿處，我們又立即步行至獨立山的深處。最初還是沿著一個幫幫車的路軌而行，隨後再由路軌的左側，爬上了一個古木森林處，不復有山徑給人走，而只是從被伐下來的大樹上行。行至一個高高的山坡上，我們就坐了下來，佇看林場工人們戰戰競地鋸伐著一株已逾千歲的老檜木。

是兩個人在那裏鋸，鋸的方向要與樹倒的方向一致，而樹倒的方向必須要憑很好的經驗，選擇很好的地段。一般說來，樹倒的地段總是一個較低下的地段，在那裏阻擋的東西極少，就是有一些，也要那些東西無法阻擋住那樹倒下來才行。樹向下方倒，人在上方鋸，鋸到一個相當的程度，更用東西從鋸口處打入，這便使那只有一部分還未被鋸脫的樹身，慢慢的折斷，而當全折時，樹便像山崩地塌似的倒下來。這時候一陣風起，又一股塵揚，只聽得呼然一聲，又沙沙作響，直響到樹倒下來臥著一動不動時，才告平息。樹一倒時，那眞是說時遲，那時快，使你看得眼花，又聽得心悸。好的伐木的漢子很明白，他們當樹將倒時，就預先招呼了我們，就連我們坐著或站著看的地點，也是由他們預先指定，以免發生危險。

我眼望著千餘年的古檜倒下來，我便像眼看到千餘年的時間，也就是一千餘年的歷史，一下子就結束。這當然會有無窮的淒涼和淒寂之感。就我們說：一千餘年會是多麼長的歲月，當這一千餘年的大樹還是一粒種子因偶然的緣故，落在那目前生長的一片土中時，由發芽而長葉，再形成那巨大的枝和更巨大的幹，暗暗地開著無數次的花，寂寂地結著無數次的實，一直到今天，還是正要不斷繼續著，卻不料一下中斷了，時間中斷了，歷史中斷了。但生命是不是就也如此中斷呢？這是很可以給你一種啓發的。當一思及生命絕不會中斷時，則時間也就絕不會中斷，歷史也就絕不會中斷。如此古檜便會長在心中，更長在我們的心中，山中的古檜處處，人間的古檜也會重重。

我們走入一個檜林中，通常檜林的砍伐，就是一起砍，即所謂「皆伐」，也要保留一株樹姿最好而年歲特大，生育特佳的古檜在那裏，以便用作檜林天然更新的母樹。這次我們經過太平山林場，我們就曾經在三星線上，看到一株黃檜即扁柏的母樹，亭亭地留在一個大山谷中。就是她，永續著生命，因而永繼了時間，也永續了歷史，而絕不讓時間和歷史中斷著。

我們在分明看到了一株古檜安臥在一山坡時，我們從上面走到那伐木的工人旁，聽他們講著伐木的經驗。他們之中，也常有人死於伐木之中，以致所謂伐木自伐。他們以此爲生，生活也確實是艱苦而又異常危險。木被伐是那深山中的悲劇。而伐木者的生涯，亦復是悲劇。伐木的工人在那一檜株旁，把伐剩下的近地面的一截，砍了一點木片給我們，並解釋道：那木片富有著檜油，可以點燃著，用作燈火或火炬。這會使黑夜通明，這也會使山胞們在那火光之下歌舞著。

看看已近黃昏了，我們急急地由伐木的山坡走下，沿幫幫車的路軌回去獨立山的住處。我們在那裏沒有乘幫幫車，因爲在那一帶，幫幫車已是只載木而不載人了。

回到住處，有幾位同學先在一個岩石邊試唱著我爲他們所做的隊歌，大家聽來頗感到興趣，於是大家便於晚飯後暗夜中，燃著古檜的油木片作火炬，圍起來練習著唱我的如下的一個隊歌：

山地好，山地深，山地高；
高山有水，深山有寶；
種蔬種果兩相宜，花也妙；
建立人間樂園在山地，多麼巧！

喲呵呵，啦啦啦！

喲呵呵，啦啦啦！

喲呵呵，啦啦啦！

大家哈哈嘻嘻，嘻嘻哈哈，哈哈笑

大家哈哈哈，

大家哈哈嘻嘻哈哈笑，哈哈笑。

給我們背行李的山胞也當晚到了獨立山，那都是女山胞，從金洋來的。金洋是南澳鄉，而獨立山則還是太平鄉。明天一早，我們就要開始去南澳鄉，由獨立山穿過著一個原始林去金洋，大家沒有不說那是一個險徑。

19. 獨立山的原始林

說在獨立山的原始林裏面行，會有如在一個夢中行；事實上，那是一個遠較眞實的境界。

說在獨立山的原始林裏面行，會有如在一個銀幕上走；事實上，那是一個遠較美妙的鏡頭。

一切是新鮮的，也是原始的，同時，一切是原始的，也是新鮮的。是眞實的原始的境界，是美妙的新鮮的鏡頭，同時又是眞實的原始的鏡頭，美妙的新鮮的境界。

女山胞們把我們的行李背上了，她們一清晨就從獨立山的住處向金洋而去，這在她們是回到她們的家裡，而在我們卻是眞像到了一個異域。她們領路，我們跟隨著她們走，我們事實上是走下獨立山，但在原始樹林中，我們竟分辨不出是上是下，我們只是在那裡一上一下地走著，又轉來轉去地走著，大半日沒有看到陽光，就是天空也只能看到一點點。

在原始林中，只是青，只是綠，只是暗綠。路是獵人所走的路，那不僅是小，而且是路不像路。有的地方，一株樹因爲太老或因爲其他的原因倒下了，橫的或直的臥在那裏，也不知臥在那裏已有多久。樹幹是好的，枝葉是腐朽了，這給穿過著那原始林的人們，也形成了一節路。就在那猶是好的樹幹上有時橫過，有時直行，倒了的以及朽了的大樹或古樹隨處都是，於是我們就差不多隨處都須得在木頭上過，在木頭上行。過不了時，遇到下面有洞，就在木洞裏鑽，行不通時，遇到前面有坑，就在樹身上跳，眞有時不能不像個人猿或是猴子，會那裡像是走路？鑽與跳之外，有時更須得爬，又有時還須得溜，樹是那麼大，那麼老，就是倒下來，橫臥在那裏，你要越過樹身，你還須得先爬上去，再溜下來，爬上不易，溜下尤難。

樹倒下來作成的路還好，崖崩下來，也形成了所謂路，那是更爲古怪的路。山胞們有時爲便於行人行走起見，常在那裏砍掉一些小樹，留大半截，給人扶著手，有如在那倒下來的樹身下砍著無數刀，好讓人在樹身上走，不會滑了腳一樣，救助著那千鈞一髮的生命。

泥土路也不是沒有，但是濕得很，而且雜草叢生，走來尤須仔細。我們在未出發以前，有人告訴我們，要我們務須打綁腿，務須把褲腳紮起來，務須穿長襪。這都因爲那一帶的雜草中，有一種蟲，山胞們呼爲吸血蟲，最初很短小，不易察知，當一進入腳上和腿上時，只要碰到了肉，吸到了血，就慢慢地因血吸飽了而長大起來，以致長大得嚇人。由此，你可知道吸血蟲的吸血量，會是如何大？但當吸飽後不再吸或被發覺後除去了的時候，其所吸之孔，還須繼續流血，而所流之血，又須和所吸之血，其量相等。這雖然不會使人有致命之虞，但使人所受之身體上的損失，是十分可觀的。

因爲在獨立山的原始樹林中，路不像路的緣故，所以鑽來鑽去的常會碰壞了頭，跳來跳去的常會跌傷了足，爬上爬下的常會弄破了手，溜下不止的常會溜破了褲。至於吸血蟲，我們都因爲穿長褲打綁腿，把褲腳紮了起來，所以還沒有讓它們來試一試，但當我們細細看看那批給我們背行李的女山胞時，她們有的赤著足，有的縱然穿了鞋，但也沒有穿著襪，而讓肉露出來，吸血蟲竟是會不去吸她們，這據山地的人們說：那是因爲平地人吃米，山地人吃甘藷。這其實是她們或他們赤著足，吸血蟲一來，一足有點癢，就用另一足一擦，把吸血蟲擦掉了。倒是穿了鞋襪的人，吸血蟲一進了襪子裏，擦也擦不了，便一任其吸著血而不知了。

可以大大的把獨立山原始林中路上的艱苦抵銷著，以至渾忘著，並從而留連著的是獨立山原始林中的境和景。

我們會說不出獨立山原始林中的境，是什麼樣的一種境？我們也會說不出獨立山原始林中的景，是什麼樣的一種景？譬如說：一般的樹林中的老樹，樹幹的顏色大都是灰暗色，有皺紋，有裂片或是鱗片，間或也有光光的，長在樹枝上的總是葉，總之，樹是像樹，一目了然。只是在獨立山的原始林中，你所看到的老樹和大樹，甚至小樹，常常是長滿了青苔，或一些其他的寄生物，樹枝上又常是掛著很長很長的絲狀的寄生物，隨風飄來，又隨風飄去，藤類更是從這一株大樹或老樹，爬到那一株大樹或老樹上去，有時還會使你分不出哪個是樹，哪個是藤，就這樣，讓一片樹林，形成了無數的銀色的柱，又懸著無數的奇異的綠彩，更連結成一氣，看過去眞像是一種童話裏的世界，又像是一種神話裏的世界，這用我們民間的傳說，就是神仙世界。在那裏，你會好像遇見韓湘子，在那裏，你也會好像遇見何仙姑，而山地裏的男女，竟又像是那樣的仙話裏的人物。

我們隨著山地姑娘先去到距昨日看伐山的地方不遠，就轉了彎，向右走去，那是爬一個山坡，走幾步，爬一爬，常常要手拉住山徑旁的一根樹或一株茅，才好爬得上。我們讓女同學走在前面，怕的是她們一落後，說不定就會失落在森林裏。慢慢的深入了，山路小得幾乎看不出來，但樹林中也不是沒有較平坦的好走的地方，如此一部份人便一下子走過去了，但一碰到艱險處，大家一個一個扶著走，那是十分走得慢，畢竟也有不須扶著的，如此扶人的與被扶的落後了，還漸漸的落後很多。於是前前後後的人，愈來愈在那原始森林中隔得很遠，這使前面和後面不能不相互呼應起來，當前面的一個人呼嚷著的時候，後面的人立即也隨著叫了起來，在那原始森林中，呼聲聽來特別大，應聲聽來也格外響，因此大家雖然無法不愈來愈隔得很遠，但總算是大家都放了心。

走到一個地方，路是傍著山崖，山崖下有一小池，又渾又濁，但有一位女山胞竟跑下去想喝著那裏的水，我們止住了她，我們把我們所背的水壺裏的水給她喝，她對我們不要她喝那林中濁水，感到奇怪，而我們又對她去喝那林中濁水，感到奇怪。獨立山原始森林中的事事物物，我們無一不感到奇怪，而她又像無一感到奇怪，倒是對我們感到奇怪。奇與不奇，怪與不怪，我們和這位女山胞，竟又是那樣地不同。

我們走到一處，稍微喘了一口氣，向右方一望，看到幾株大藤從一株大樹上落下，懸空中又爬到另一株大樹上，還有幾株大藤，基部獨自挺立著，很像一個大樹幹，隨後便又爬上一株古木的巨枝旁，這使原始樹林中，更像夾雜了一個原始藤林，而藤林的懸掛，尤爲有趣。

各種羊齒類植物在古樹巨樹上的寄生，既已加增了原始林的奇特，而各種蘭類的在古樹大樹上的寄生，則尤使我們加增了對原始林的奇趣。我們一路行走，一路留心著路旁，一遇到有蘭的寄生處，我們總設法把蘭採了下來。還有各種的地生蘭，有時就生長在路旁，我們也一路走，一路採集了不少。在原始林中的任何採集，會都有極大的價值，但我們那時的注意力，卻只集中在蘭身上，蘭在原始林中，似乎比在空谷中，境界又進了一層。

另外我們還採集了一種野生的西瓜，瓜藤爬得很高，但果實卻結得異常小，這也許是山行的人們偶然遺落了一粒西瓜子，以後慢慢的退化，以致有如此的結果。這也許是從始以來的西瓜子，就在那一片土上不斷繁生的結果。

我們在獨立山的原始森林裏，又爬登了一個較高較寬敞處，我們就在那裏吃了我們的午餐。背負行李的女山胞也歇下吃午餐。她們怕我們看到她們吃什麼，所以就跑到一個稍遠的處所坐在一株倒了的樹身上去吃著。在原始林中吃野餐，這自然又是一種滋味。

終於我們走出了獨立山的原始林，但走出了一個原始林，仍是一個大山嶺，在那大山大嶺上，又是一個大斷崖。我們之中有的兩手摸著崖邊橫著走，兩手總想拉住什麼但又拉不著，兩足不斷地試著走，有時一足踏著一些土，而土又隨即塌下去，好歹另一隻足還未動，所以還沒有跌落在萬丈的深谷裏，只是如此一來，那一隻足竟像僵了一樣，直著一時不能彎曲，眞是危險萬狀。我跑了過去拉著這人的手，一方面口中不斷的說：「不要怕，不要怕，越怕越不好」，這樣鼓舞了一番，才慢慢的一同走過了那個大斷崖。

有時下山坡也確不是一件容易的事，我們之中，有的扶著手杖，慢慢的走下來，有的側著身子一足老是在前，一足老是在後，像溜又不是溜的走下來，而有的人則乾脆就坐在那裏，兩手著地，兩足直伸，讓臀部向下溜，但有時，溜得太快，就面如土色，到幾乎不能停時，就不覺驚叫一聲，而當偶然碰到一個阻擋，兩足抵住了，這又不覺失聲一笑，如慶更生。

我原走在後面，但爲了要常常去扶持著走在前面的人，所以終於我便走在最前面。當我有一次越過一個斷崖時，站在我面前的一位女同學叫了起來，她以爲我會跌落下去。隨後，我們又走入一個相當長的樹林中，那也是一個大山崖，樹林是在崖邊，人是在崖邊走，在那裏，已可以望到下面的谷，又可以望到對面的山，更隱隱可以望到山下的一條水，於是我們方知道，我們是已越過了獨立山。

穿過那一個相當長的樹林時，我不覺和後面的人離開得很遠，於是我乃「呵呵呵」地叫，接著我聽到了後面的人「呵呵呵」的回應，於是我又繼續向前行。「呵呵呵」是我們預先約定相互呼應的一種行走山地裏的口號。在獨立山的原始森林中，我們的聯繫，多得力於這一口號。

隨後我又首先走了一段茅草地帶，那當然還是在高山上，茅在山路旁合了攏來，人走進去，幾乎什麼都看不到，這使我只好向前鑽，鑽了很久，才鑽出一個空曠處，這已是一個山高的墾區了，於是我知道我們是已由獨立山的原始森林裏，走到了南澳鄉的邊緣，不久就可到達金洋，因為金洋的山胞們，已到來這裏種植著小米和甘藷了。

20. 金洋到了

從金洋的那高山上的褽區下到金洋的部落裏，自然又須要下一個大山坡，但是在這個大山坡上眼望金洋部落裏一排一排的住屋而行，那是心頭輕鬆得多了，脚下也輕鬆得多了。在那裏清楚望到的一條溪水，後來我們方知道叫做碧候溪，溪水在那金洋對面的大山之下，溪床是比金洋低多了。金洋對面，隔著溪水，還有幾個平台地，那是在半山腰。在那裏像很種植了一點作物，因爲四周是青青的，只在那裏是一片黃綠。金洋對面大山有一處，那是靠右上方，已是崩了下來。那崩下的地方眞是高得很和陡得很，由那裏再想到一己所過的斷崖情形，竟反而「在先不怕，事後心驚」了。

我一面俯視著金洋的全貌，一面走下坡來，竟不覺首先走入金洋部落，一位警員和一位金洋國校裏的先生跑來迎接我，他們說：他們已經得到了我們要來的通知，但不知道爲什麼我們來得這麼遲？我見了他們和金洋，我眞是喜不可言。金洋部落也是屬泰雅魯族，和太平鄉的四季有很多親戚關係，所以來往得也很密。他們由金洋爬過獨立山又爬過太平山下到四季是不在乎的，因之他們入山既不怕深，也不怕高，他們眞是山地的英豪。

我在休息處，和警員及國校先生商定了我們後至的人們的住宿處。我和幾位先生住在國校校長家，女同學住在那位國校先生家，其他的人們則住在國校的辦公室裏。等我們大家都陸陸續續的到齊了的時候，金洋部落裏的男男女女——尤其是小孩們，也都先先後後走來看我們。我們以爲他們是世外桃源裏的人們，目前「不知有漢，遑論魏晉」，而他們又似乎反而以爲我們是來自世外，到此方識山水，方知森林。

晚上我們自己集合了一下，我們大家都深深地慶祝著彼此的平安。我首先問大家：此次是誰跌跤最多？大家一時沒有回答，我便轉而去問一位常常坐在地上滑下山坡的同學：一共起來了幾次？這次跌跤是常事，不跌跤才奇怪。手弄破了，褲子弄破了，也是常事，手沒有破，衣服沒有污，才稀奇。

我說：「在未過獨立山時，我本是計畫著要改變路線。我想分兩隊，一部分人們，尤其女同學，我是不打算要帶著過獨立山的，外面的人都勸我們不要從獨立山到金洋，不要太冒險。但我們終於因任務及其他種種的原因，我們還是照預定的路線走，而且我們竟然好好地越過了，又平安地越過了。今後十年中，今後二十年中，和今後三十年、四十年中以至永遠，大家以至大家的子子孫孫都將會談論著今天的事體，和今天好不容易大家都獲得了的安全。所以今天是值得紀念的。」我說了以後，大家都略略說了一說今天一路之上所經過的情形，大家沒有不承認今天是有生以來所經過的第一次的艱險。

快要散會時，我更對大家說：我們來金洋，也可能決定金洋今後存在或不存在的一種命運。我說這話的原因是：任何在臺灣的山地部落附近都有著保留地，只金洋部落裏的保留地是遠在目前的南澳鄉的武塔村。

武塔本來是南溪，很久以前，當局在南溪那裏劃了一大片地，要金洋部落從那較深較高的山地，搬到接近平地的山地去，但金洋的老輩仍是感覺到山地愈深愈高愈好。

結束金岳村中流興部落下面不遠的武塔部落搬去那裏，並墾著那裏的保留地，並且把南溪改名爲武塔。舊武塔那裏是放棄了，但仍有很多的保留地。目前當局還依然是勸金洋的人們搬下去。因爲自己沒有保留地，而只墾著公有地不是辦法。

金洋的山胞現時爲此已是猶疑了，老的一輩人雖仍然是不願搬，但新的一批人都願意動。這是一個事實問題，要是金洋眞的無可發展，而人口又一天一天增加，自以搬了爲是。若可發展，而可任人口增加，以求繁榮，則又何必放棄歷代祖宗所居留的故土？

至於什麼可以在金洋發展？尤其是園藝方面可不可以在金洋發展，並讓金洋的部落富庶起來，又富庶而後加教，以成一美妙的山村？則全靠我們這一批人不辭穿過獨立山的原始林而來調查之結果。如其結果是好的有辦法的，則金洋部落就大可不必遷移，否則，金洋就難存在了。在金洋部落之上，原本有一個叫做無洋的部落，那已是早遷移到澳花即大濁水去了。無洋之上又有一個部落叫做樟樹的，也早已遷移現在的樟子林和東岳去了。還有樟樹之上，更有一個叫做碧候的部落，今已遷移到南澳村的碧候去了。目前金洋前面的碧候溪，就是因爲源出以前的碧候部落而得名的。此外在金洋下面不遠之處，目前還有四家人，可是以前山胞很多，但都已遷去大濁水的另一側，也被稱爲澳花的地方去了。

山地部落，在那一帶紛紛遷移，只金洋一處，屹然未動，這亦可知金洋山胞的堅貞可貴，只是堅執要在那裏，總須得有發展，方有將來。

金洋到了。我們到了金洋，而金洋又到了一個發展和不發展的關鍵，以至更到了一個存在與不存在的關頭。

21. 金洋的一日

我們在金洋一覺醒來之後，就匆匆忙忙地用早膳，並即出發調查。

我們首先走下金洋部落所居住的大山坡，隨即遇到了一個小澗，在那裏水清見底，又是水在石與石之間流，異常可喜。越過去便是一個大山崖，我們傍著山崖走，愈走愈高，碧候村則斜過著那個大山崖，便遠遠可見。看看走得不很容易，我便叫一些昨天走得太疲了的人停下來，等候我們回頭時再一同回去。

我們到了無洋部落的舊地，那是碧候溪旁的一個平台地，我們又到了樟樹部落的舊址，那也是碧候溪旁的一個平台地。當我們在那裏停下來休息時，我們又望到遠遠的一塊平台地，那是高多了，目前那裏有一片森林，看去眞好看，碧候溪由那裏流過來，那就是碧候部落的舊址。

所有這些部落，也和金洋及太平鄉各山地人家一樣，最初都是住在臺灣西部的平原，以後荷蘭人及其他人們來了，他們便遷入臺灣西部的大山中，並且入山愈深愈高，更從而越過南湖大山等以入臺灣東部的山地，碧候就是最靠近南湖大山的部落，從他們那裏所清楚看見的高山，就是南湖大山，就是在金洋，也可以望到這個大山，現在這些部落所遷去的東岳和澳花等地方，已是在太平洋之濱，他們已是從西部的平地，到達東部的平地去了。

我們回到金洋的部落裏繼續調查，金洋也分上下兩部落，我們是住在上部落，我們就先看上部落，我們在上部落裏看到兩株板栗，都生長得很好，看來板栗和胡桃一類的果樹，是可以在金洋發展的，柚橙及柚、李、桃等也有，其他蔬菜花卉都有一些，隨後我們去到金洋的下部落，在那裏我們走到那一平台地的尖端，在那裏我發現同我去的同學們少了幾個。於是我便點了名，其中有幾位女同學沒有趕上來，在那平台地的尖端頗種了一些梨，當然梨在金洋一帶也是很可以發展的，金洋的上部落要比較金洋的下部落爲大，戶口較多，因此力量也雄厚一點。

金洋上下兩部落的男人都喜歡打獵和釣魚，他們每天釣魚能夠釣好幾斤，上部落的人們總是去碧候溪那裏釣魚，他們不准下部落的山胞去那裏釣魚，他們說：他們的祖先在碧候溪養過魚，現在碧候溪的魚，都是他們的祖先養下的，所以別人不能釣，這便使下部落的人們只好跑到更遠的其他溪澗中去釣了。

下部落的山胞在園藝方面也頗有一點東西，他們養的豬和狗也不少，只是狗都瘦得很，因爲沒有東西吃。

我們調查完了以後，回來召集了一個會，我問那一位沒有趕得上的女同學爲何點名時未到，她說是有他事，我便責她不好不先報告，於是她垂著頭，默不作聲，散了會以後，她便哭了，接著還有三位女同學竟陪伴她一同哭。這使我感到這像是一種山地裏的悲喜劇，一會兒大家笑，一會兒大家哭，青年人感情的變化是難測的，我只是輕輕地指責了一下，竟不料會令人感到那麼嚴重。於是我便對另一位未哭的女同學說：「我並未怎樣指斥他們。」於是她便去安慰著她們了。

晚膳時，我們買了幾隻雞來慶祝大家從獨立山至金洋的平安和順利，並且還請了金洋的村長，國校的先生和兩位警員來吃飯，我們請客沒有碗，我要村長們自己帶來。村長卻於帶了碗來以外，更攜來了一壺山地的小米酒。山地的雞瘦得很，而山地的酒，則酸得很，並且還有點苦，但那都是山地的奇珍和美味，吃到後來，我們的飯又吃完了，結果客人們似乎都沒有吃飽，我們一到了山地，就連請客也是外行。

金洋給我們開的聯歡晚會也是送行晚會，在晚膳完畢後接著就舉行，明天我們一早就要離開金洋。金洋的人和我們都很有點來去太過匆匆之感，晚會原擬在國校的大操場舉行，可是天上蓋了一層烏雲，以乎有雨，於是改在國校的教室裏，並且把兩個教堂打通起來舉行著，大家擠在那裏面，那眞是熱鬧萬分。

會場的佈置是讓中間空一個大圓圈，大家圍著坐，歌舞在圓圈裏，這較之在台上更有趣。

歌舞的節目格外多，情形較之四季與埤仔南尤爲熱烈。最特別的是「嗄斯」舞，先由一位男山胞跑入大圓圈，像趕野獸似的手舞足蹈，只叫「嗄斯」、「嗄斯」，隨即愈跳愈快，愈叫愈急，忽然之間，又是幾個山地漢子從圓圈後面的桌子跳到圓圈裏。我們正在大吃一驚時，他們竟「嗄斯嗄斯」地舞成一團，隨後更有從圈子上跳下來參加的。末了，一位臉上畫著藍色橫紋的女山胞，兩手持著一塊小手帕，更一扭一扭地跑入圓圈，去嗄斯嗄斯地參加著那嗄斯舞，終於我們的男同學也去「嗄斯嗄斯」參加了。舞罷歸來時，「嗄斯嗄斯」之聲，還依然斷斷續續地在我們口中唸了起來。

我睡著的地方，窗口正對著南湖大山，在暗夜之中，我還可以臥見南湖大山，我眞不料我能到達這樣一個地方，又能睡在這樣一個所在，這眞是一個好地方，這眞是一個好所在，這使我悠然入夢，只不過明天又要離開金洋，向流興而去了。

22. 流興（一）

流興是一個部落的名稱，那裏的村名叫做金岳。由金洋至金岳的路，據太平山的警員告訴我們的說法，那是比自獨立山至金洋的路更險、更不好走。而大元山的朋友則一度勸我們由寒溪去金岳，說是這樣一來可以讓一部分不能走的同學停在金岳，而讓一部分能夠走的師生，反過來，由金岳去到金洋，再由金洋回到金岳。種種的勸告，都沒有打破我們原來計畫的行程，我們依然是毫不動心地由金洋到了金岳，亦就是流興。

我們離開金洋部落時，金洋村在國校讀書的孩子們一大批，由他們和她們的先生率領送我們的行，一直送到金洋村外。在那裏可以望到整個金洋部落，上下兩個部落都看得很清楚，那是在一座大山之山腰間。山腰間一條很好的山徑，由那裏傍山而行，又順著山下的碧候溪而走，就是走向流興。

當我們走向流興時，金洋部落裏的孩子們，齊聲叫了一聲「再見」。聲音大得很，因爲這些孩子們在拚命叫，這使我們走在最前的一批人，也停了步，回頭回答了一聲「再見」。我走在最後，我特向那些孩子們揮手，笑說著再見，又笑著行走，但孩子們跟上來，又齊聲叫了一聲「再見」。金洋的孩子們活潑得很，又十分有禮貌，兩眼特別亮，叫的時候，大張著小口，眞是可愛，由他們和她們的眼中，看出了山地的將來，也由他們和她們的口中，道出了山胞的希望。禮失而求諸野，實則，人類的將來，人類的希望，時至今日，都只好求諸野。

山地孩子們的第二次「再見」之聲傳至我們的前方，於是我們的全體又不約而同地回答了一聲「再見」。我心以爲這一下我們走了，他們和她們就應該回去了。但哪裏知道那些孩子們又是一聲「再見」，於是我便特別要我們的一位同學，給我和那些孩子們合照了一張相，這眞是可以留作紀念的。那些孩子們的三聲再見，眞是動人。

我們的一行，繼續行進，我一人留在後面還和那些孩子們周旋了一番，於是當孩子們回去時，我已是落後很多了。

我急急前行，要趕上去，趕了不久，前面的人停了下來，那是因爲走在最前面的十幾位背行李的金洋男女山胞停下來了。我趕上去一問，方知前面有一條粗木棍似的大蛇，長有一丈多，在山徑中被打死了。我再跑上去一看，果然白蛇當道，死得可憐，在山地，我所見之蛇，以此蛇爲最大，隨後我們把這大蛇丟入崖下，路中雖仍留有血跡，但我們也只得不顧而去了。

我們走至一條岐路邊，有一條比我們正走著的山徑大得很多的路，那路在山的左旁，斜出山中，我們問著金洋的山胞，據說：那裏進去原有一個大部落，但目前只有四戶，其他的人都搬往大濁水旁之澳花去了，那部落名叫丘馬望。

碧候溪愈流愈遠，又愈遠愈下，漸漸的我們在半山腰中已看不見了。我們原以爲由金洋至流興，順流而下，應該是愈走愈低，卻不料流興的部落所居處，遠比金洋部落爲高，雖然有時候我們也朝著較低的山頭走去，但一會兒我們又須得爬上更高的山頭。斷崖更是隨處都有，而且比由獨立山至金洋的斷崖要多得多又險得多。有的同學摸著崖壁走，有的同學由另外的人們牽著過，有的怕得很，也有的漠不在乎，至於我，過斷崖那是過得慣了。

還有吊橋，其實是好過的，是安全的，但沒有經驗的同學，尤其是女同學，總是過起來膽顫心驚。我們快到流興時，我們更過了一個吊橋，吊橋下面的水，清而且激，後來我們才聽見人家說：由那吊橋逆流而上，沒有多遠的地方，有一個溫泉，由溫泉再走上去，在一個山頭，還有一個部落，叫做溫泉路。原名哈卡巴里系，這在當時，我們是不知道的。

由金洋到流興是十八公里，我慢慢的走在前面，走到一個山崖下去，有幾位背我們行李的女山胞坐下來，身靠著山崖休息了，她們都口渴，其中有一位老婆婆，臉上畫了橫斜的藍色紋，問著我要水喝，我把我所攜帶的水壺裏倒了幾杯給她。隨後又一位山地姑娘想向我要水喝，但又似不好意思地說不出口。我只攜帶一個小水壺，水既不多，而自己又喝了不少，剩下來的自已是有限，適才又被山地老婆婆喝了幾杯，這被那山地姑娘看得很清楚，所以她便不好意思再向我要。但我這時候也清楚，她雖說不出口，我當然看出了，我便倒了一杯水送給她，她喝完了，我又倒了一杯，她感激得很，但她堅不再要，因爲她知道水已是快完了。

我再向前行，這時我望見前面的大山頭，遠遠的有我們的人，他們和她們已是爬得很高了。

我趕上去，有一位背行李的男山胞在那裏像是走不動，我跑到他那裏，他又向我要水喝。山胞們都沒有帶水，而碧候溪又遠在山下，天氣既熱，汗流益多，所以他們和她們總是向我們要水喝，我把所有的一點水，原準備倒給那位山地姑娘，但那山地姑娘堅不肯要的，這時便統統倒給了這位男山胞。這男山胞一飲而盡，旁邊有一位女山胞兩眼望著我，我也望著她，她像是看不過意，因爲她像是知道我也是十分口渴，至於我，我更是無可如何，我已不能再有水給那位女山胞了。

流興部落就在那一大山頭，我們愈爬愈高，愈高愈渴，那兩位山胞隨著我爬，爬到一個樹蔭下，那也是崖邊，又有幾位金洋給我們背行李的女山胞，老的少的俱有，坐在那裏休息。她們見我背了一個水壺，對我就做著姿勢，表示要水喝，但同我行走著的一位女山胞向她們搖搖手，並說了一些我所不能懂的話，於是她們也就只得對我笑笑，並表示，不再向我要水喝了。

漸漸的已望見流興，並望見流興高高排列著一棟一棟的房屋在山頭上，而此山頭之後，又是一座大山。

我爬上了流興，先我而到的還有幾位同學，我們同坐在幾株山櫻樹下休息著。我們可以清楚地望到一批從山下慢慢爬上來的人們，那仍是我們的一群，我們嚷著，他們和她們也應著。背行李的男女山胞，陸陸續續地到達了。喝了我兩杯水以後堅不肯喝的那位山地姑娘見了我坐在那裏，特別向我招呼並笑了一笑，顯得異常識事而懂人情。

我們在山櫻樹下等候了很久，並且吃了「便當」，大家才算到齊了。大家像又是過了一個關，脫了一次險，大家深深的喘了一口氣，大家到了流興眞是顯得高興。

背行李的金洋男女山胞，臨別時，和我們也合照了一張相，那位山地姑娘被推在我的身旁，隨後他們和她們走了，他們和她們也高叫著「再見」。那位山地姑娘說了再見之後，更唱著山歌而回。

23. 流興（二）

流興部落，從下面看，是高居在一個山頭上，但一到達了那裏，就知道那實在是在一個大山坡上。部落裏的屋大體像金洋，只是一排一排的排列得更高，前一排的房屋屋頂只能到達後一排房屋的屋基，這就是人在後一排房屋前之空地上，可以俯視著前一排房屋的屋頂。那房屋的屋頂，大都是用青石板或竹子作著瓦蓋成的，房屋裏面的地較房屋四周的地爲低，進入屋內，須得走下一個坡或一個短梯，因此，他們住的地方，很像一個窖。房子建築其上，第一可以節省一段材料，第二可以避免被強風吹倒，第三冬天可以更爲溫暖，第四、夏天在地窖裏自然也很陰涼，只是這樣一來，因爲房子矮得很，光線也就差得很，初進去的時候，裏面是黑黑的，空氣當然也不會很流通，加之燒的是柴，柴煙又燻著房子。在以前他們不知搭灶時，就在房子裏的一角，將柴火燒於地面之上，再掛上一個鍋，燒煮著食物，這使煙塵滿屋，在燒火的時間，進入他們的屋內，就更難受了。

流興部落和金洋部落有一個最大的不同處，那就是後者沒有一點保留地，即是政府爲山胞特別保留的土地，只給當地山胞墾植者，而前者則有很多的保留地。這保留地以前叫做山地保留地，最近才改稱爲政府保留地，簡稱保留地。如此一來，流興比較金洋便有了一個最大的優越條件，在山地自然更是「有土斯有財」，因此，流興部落的人們是比較金洋部落裏的人們要殷實得多，要富足得多，衣服也穿得好一點，吃也像吃得好一點，而少女和孩子們，也像好看一點，若是抽象一點說：流興部落裏的氣象是比金洋部落裏的氣象要好一點。

流興部落的海拔高度，是一千三百公尺，而金洋部落的海拔高度則爲一千零六十公尺，但金洋上下兩部落合計有七十一戶，四百零七人，而流興部落裏的戶數則只有三十七戶，人口亦只有二百餘人，那是少得多了。可是這兩個高山部落都是同屬於泰雅魯族，說的也都是泰雅魯語。

流興部落裏的男子漢，也和金洋一樣，大都喜歡打獵和釣魚，他們釣魚有時從早釣到晚，一天可以釣上好幾公斤，山高水急，有時匯而爲潭，在深山裏的深潭之中，也能藏著一些大大小小的魚，釣上來不會很難，而吃起來則十分有味。至於流興部落裏的狩獵成績，據那裏的村長說：每年可以打得到五十隻鹿，三隻熊，至於野豬，他們叫做山豬，則獵獲的數目更是可觀。他們也是把野豬的頭蓋骨，一串一串地串起來，掛在屋簷下，一方面表示他們打獵的成績，一方面也是由於他們深信著如此便可以把野豬一隻一隻誘引上來，讓他們繼續不斷的獵取。

他們打獵時的裝束，是頗爲威武的，他們手挽著長弓，箭在箭囊裏，腰間掛一把刀，戴上一頂皮帽，赤足短褲，有時不穿褲，只圍一條巾，身上有時也披上一塊布或穿著一件汗衫，但大都是披上一張獸皮。主要的作用是防雨和墊在地上睡了起來。

他們一出去打獵，往往幾天不回，攜帶的糧食只是一些地瓜。所謂地瓜，就是甘藷，他們稱甘藷爲地瓜，說那是長在地裏的瓜。他們在山頭上種著地瓜，「瓜」熟了也不掘取，只是等著要吃的時候去掘，什麼時候掘，就什麼時候吃，一年到頭，都是如此，他們的生活簡單之至，幾乎只要把地瓜吃飽，就滿足了。住什麼房子無所謂，穿什麼衣服也無所謂，他們打獵時總是露宿，或睡在草寮裏。他們的孩子們常是裸體，他們打得了一隻野獸，自己飽飽的吃著獸肉，又必須分給鄰居或見到他們獵得的路人，共嚐野味。

他們最高興打到鹿，因爲鹿皮、鹿茸和鹿胎等都很值錢，只不過在他們的生活裏，所謂値錢的錢，最大的好處，也只是因爲那可以用來買酒喝，又可以用來買鹽，買肥皀和買火柴。

他們最喜歡喝酒，而且每喝必醉，他們得來的錢，常常一喝就光了。鹽在山地是必須要向外面買的，肥皀在山地現時也漸漸的用得多了。以前他們大都用無患子樹上所結的果實來洗衣服，現在他們已知道：那遠不及肥皀。至於火柴，對獵戶們尤其需要，又因抽菸在山地也抽得厲害，香菸更是愛好，無香菸時，自製土菸，也不離口，所以火柴甚感需要。他們雖然很知道以石取火，但這以石取火，究竟沒有火柴方便。

除此買酒、買鹽、買肥皀、買火柴之外，他們對錢的需要，即沒有什麼，因此他們對錢的觀念很淡，他們有錢就花，無錢時在山頭臨時掘點地瓜吃，也就得了。他們每年平均可以打得五十隻鹿，賣得的錢，本來很有可觀，但因其對錢看得無所謂，因而也無所謂積蓄。這對山地的影響很大，山地同胞的生活，不易改進，山地同胞的生產，不易改良，都與此有關，要是不然，則像流興一帶的獵戶們那樣威武的姿態，既很像可以征服著自然，自然也會很可以征服著貧困了。

只不過話又說回來了，貧困是我們的觀念，在他們，尤其是在那些獵戶們，因爲在生活上，並不需要什麼，而且需要的也一下子就可以滿足，甚或沒有時，也沒有什麼。

譬如酒，他們可以用自己種的小米釀，有時人們用點酒精沖點清水，只要有酒味，他們就大喝。譬如肥皂和火柴，他們有代用品，只有鹽，他們無法不求人，但究竟有限得很。就這樣，所以在他們的觀念裡，似乎並沒有什麼叫做貧困。他們沒有什麼欲望，所以他們也就像沒有什麼貧困，對著貧困，他們的觀念並不同於我們的觀念，這使他們，特別是那些獵戶們，竟像與大地同其快樂，竟像與山川同其快樂，竟像與鳥獸同其快樂，而世人們則眞正陷於貧困裡，而無由自拔，無由自得，無由自樂。

流興部落一方面像是在萬山之中，一方面又像是在眾山之上。我們從流興那裏向前望去，可以望到無數的小山頭，和對面大山一側不少的平台地，甚至還可望到金洋對岸的平台地。但當我們左右張望和向上仰望著的時候，我們自然是被萬山環繞著，因之流興也是在萬山環繞之中，碧候溪已是離流興離得遠遠了。碧候溪從金洋斜出，向東南山夾中流去，而與大濁水合流著，在流興是看不到的，我們在流興只能看山，不能看水。

24. 流興（三）

在流興部落裏，種植了不少的梨樹，那一帶的山胞對種梨很感興趣，柑橘類也栽種了一些，此外枇杷、李、梅、桃和板栗都有若干，花卉方面，蔥蘭、韭蘭、美人蕉、長春花、萬壽菊和山櫻等都有。出胞們一方面喜歡打獵釣魚，一方面又喜歡栽花種果，這都是人間的樂事，而在山中，則一任山胞們盡情地享受著。目前山胞們最希望得到的是好的苗木和種子，關於蔬菜，他們種得很少，他們好像不喜歡栽，其實是由於他們得不到好菜種，他們向普通商人那裏購買，常常買到劣種。他們還栽種了不少的樹薯和蓖麻、苧麻等。他們自然更種了很多的小米和地瓜，近年來，他們更特別種了很多的花生，在臺灣，南澳鄉的花生的產量是最多的。

我們的住宿處是在流興部落的最前端，也就是流興部落的最下方，但在我們的住處向下望，我們可以看到我們腳下的大山坡和大山谷，這看來都是險峻的。

我們的住處前有一塊平地，整理得很雅潔，有草花、有花壇，又有山櫻和梅樹，我們的左側，有一個升旗台，國旗在萬山之中飄揚著，眞是一方面爲山川生色，更一方面使山川生動起來。再左方是流興的衛生所，建築得很好，近旁還有些樹，花也有，由那裏下一個坡，便是流興國民學校的大操場，那眞像是萬山之中的一個大圓桌，桌面有好幾十丈寬，四周又栽了一些樹，正眞是流興山中的一個好場面。我們傍晚在那裏散步，我們清晨又在那裡散步。我們月夜更在那裡散步。

操場左方一個較高處，有一座孤立的四方形的建築，那是一個保健室的左方，是國校大禮堂和國校教室。

在我們住處的右方，有一個公共浴室的建築又有一塊平地，那是用作曬場的，再向左去，便是一條山徑，通向一個山頭。

在我們住處的下面，有一條大山徑，由那山徑向左轉，便慢慢的傍著一座大山走向下坡路，從那裏下一個大山坡再繼續前行，便是那批給我們背行李的金洋男女山胞回金洋的路，他們和她們走了，但我總像聽聞到他們和她們在那裡，一路唱著的嘹亮的、活潑的、輕鬆而愉快的歌聲。

我在我們的住處前面，夜坐於山櫻樹旁，仰望著天邊又是山邊的星和月，星是一點一點的星，月則正是舊曆七月七日之夜，亦即七夕的月，那眞是一個奇巧的時候，在高山中，在眾山上，在山地部落裏，在異樣更替的家宅前，會像在世界之外，更像在天地之側，看一丘一壑有點不同，看一草一本，也有點不同。看人家更有點不同，聽聲音更有點兩樣。竟巧遇著如此亮亮的星，更巧遇著如此明明的月，一切是巧，但一切又必不會是偶然。

如說是一己偶然到了千里外，入了萬重山，這便會過於飄忽。如說是一己偶然別了堂上，離了家鄉，這也會過於渺茫，如說是一己偶然來到海上，又來到天邊，這更會過於麻木。無一不是巧，但又無一是偶然。

千百萬的頭顱，不會偶然丟棄，如說是偶然，那是太無心肝。千百年的歷史，不會偶然斷絕，如說是偶然，那是太無知識。而幾百萬方里的版圖以至千軍萬馬，更不會偶然斷送，如說是偶然，那更是太無血氣。至於連白髮蒼蒼的老父老母，也將要或已然是今生不能重逢，此世不能再見，這尤其不會是偶然，如說是偶然，那眞是天地間偶然出了這樣一個不肖的人子。

要一切不是偶然，方對上天，有巧可乞，如其一切是偶然，那就眞的只能早早乞求著天誅地滅，因此到了這個時候，到了如此地步，乞巧就會是求赦了。罪戾滿在人間，渡海既罪浮於海，入山自罪盈於山，這已無所逃於天地之外，這自無顏求於耕織之星。世人們會眞懵懂，他們不識自己，他們也不識家人，他們不知今日，他們更不知明朝，他們眞像會徙宅而忘其妻，並忘其身。他們眞像今日去了還問今日，明日已來而猶等待，他們不知道他們忘了什麼？他們不知道他們等待什麼？在千千萬萬人的中間，可有一人清醒？在無數無數的年月中間，可有一時清醒？這眞是難言了。

這眞不是偶然，這眞是過於奇巧！我在七月七日的月下思維，我一方面是在深山大壑之中，我一方面又在萬水千山之外，說我不飄忽，我又飄忽，說我不渺茫，我又渺茫，說我不麻木，我又麻木，我眞像是無心肝，無智識，無血氣，我眞是一個最最不肖的兒子。我不會偶然到了這個時候，到了如此地步，我像會必然到了這個時候，到了如此地步。

漸漸的月到山頭，漸漸的月過山頂，終於萬山寂然，萬山淒然，山風吹來，我竟冷然不能自持，我像瞭解了一個詩人的心腸，我也像明白了一點哲人的苦惱。我又像洞悉了一些將軍的屈辱，我更像體貼了一番佳人的哀愁。一切是這樣巧，但一切又如此不巧，一切會像是偶然，但一切又會像是必然。到而今，我們這一代人必然有著罪過，那是不消說的。山中夜色如水，我心亦如水，我身則如在水中，我像是自己受著自己的洗。

這眞是好一個流興之夜啊！這會像一個我所到過的那深山寺廟中之夜麼？這會像一個我所住過的那村邊溪石中之夜麼？這會像一個我所遊過的那巴黎郊外森林中之夜麼？這會像一個我所走過的那紅海灘邊黑人聚落中之夜麼？想來，這都已相差太遠了。如今，夜已沒有那麼沉沉。而今，夜已沒有那麼清晰。而今，夜已沒有那麼新奇，而今，夜已沒有那麼原始。我這時在流興所已經過的夜，會只是一個流興的夜。

25. 流興（四）

我們因為從樟仔林部落裏來了一位督察長，對我們詳詳細細講述著由樟仔林到流興的一路情景，說那裏有幾處斷崖是如何如何的驚險，並力勸我不可帶學生，尤其是女同學去越過那些斷崖以去到樟仔林，要我們設法另走一條路，所以我們就在流興多留了一日。

我們在流興多留一日，是因為我們經多方商討之後，決定僱用幾位山胞，在那些斷崖中一個最危險的斷崖之上，找出一條很久沒有人走的小路，並把那小路上一些生得比人還要高而又合攏了起來的茅草，砍了去，好讓我們之中一批不能越過那一最危險的斷崖的人們，就別開那裏，沿著那小山路，走一個大迂迴，以便到達著目的地。

據那一督察長說：他一到那斷崖，腳就軟了，他說他想另外找一條斷崖之上的山中小路走，但找了一點多鐘，都沒有找到，因此只得由一山胞扶著他走過那斷崖。走的時候幾乎嚇喪了命。他更說：他是軍人，半生戎馬，出入戰場，自問膽子並不小，而且斷崖也過得多，但從來沒有遇見那樣險峻的斷崖。他於是在一塊小黑板上畫了那一個斷崖的圖，說那角度幾乎有九十度，崖下有一千多公尺深，又無一點樹木，只要一看，就會使你頭暈，隨後他又和我懇談，勸我要謹慎，萬一出了事，是不好的。他對我述說著他的過往，他在警局的地位很高，他是上級特別派他到那一帶山地的，偶然中談到他的學歷，他原是我的學生，於是他便稱我是老師，他因此更力勸我不可冒險，我終於被他說動了。

我們一早請流興的村長僱人開路，我們等候著，直候到傍晚。開路的人回來了，路已開好，於是我集合了大家，說：明天一早要從流興去到樟仔林，我帶四位最能走而又膽子大的男同學先行。我又說：我因必須先到樟仔林交涉好一切的事情，所以必須一直越過斷崖去，我說：其他的任何師生皆須走那一新開闢的迂迴的小山路，這須得多走一小時多的路，但爲了大家的安全，必須如此。最後我更說道：「大家慢慢走，到達樟仔林，遲一點，不要緊，我們把一切的事情交涉好。」有些同學說我是「軍令如山」，我們就這樣決定了次日的行程。大家無異議後，就準備開著晚會。我們大部分的人，先去到那國校的大操場，一面散步，一面唱著自己的隊歌及其他的歌曲，等候著山胞們到來。

那位督察長在那時候是先走了，他由流興去到了金洋，他臨走時，還再三向我說：「不可冒險！」

晚會之前，在吃晚飯的時候，忽然一位女同學負著氣不肯吃飯，大家勸著，她方進食。她是我們的伙食委員，在一個團體裏，管伙食是最麻煩的，她因事對一位小伙夫說：「這樣我簡直要氣死了。」小伙夫回答道：「氣不會死。」於是她便氣得不吃飯了，好得她終於吃了飯，晚會便未受了大影響。

晚會是在流興國校的大禮堂舉行的。這舉行得比金洋更熱烈，村長，村長太太，村長的弟弟和警員都參加了，警員最熱心，他奔走著，他指揮著，他佈置著會場，準備著燈燭。流興村裏也有一座鐘，鐘聲響了，山地人家，男男女女，老老少少，都從那山頭上，也是那大山坡上，一個一個走下來，經過著那衛生所，走下了大操場，再左轉進入了大禮堂。雖然大家是陸陸續續地進來，但一會兒大禮堂便擠滿了，大家圍著團團坐，我坐在最上方，坐在我左邊的是村長，坐在我右邊的，是警員，中間空出一個大圓圈，便是歌舞場，這比金洋也佈置得更好。

我們的隊歌，山胞們很感到興趣，我們中間，現在也有會唱山地歌和跳山地舞的人員了。我們唱起山地歌，山胞們感到稀奇，我們跳起山地舞，山胞們大笑起來，這使他們和她們更加熱心於他們和她們的歌和舞，終於村長的太太也給我們唱著歌，但是這些山地太太卻並未唱她們的山地歌，倒反而用國語唱著一個「何時君再來」的離別曲，她是女高音，她聲音尖得很，她唱起來竟有點像是要聲淚俱下，她像很是激動了。村長的弟弟也參加了歌唱。有一位山地老婦人，臉上畫著的橫斜紋，特別顯得藍，她穿上一套青色衣，手拿著一塊方手巾，她慢慢走到我的前面，對著我唱著一個山地歌，聲音尖而野，唱起來，就像是萬山皆應，纔一唱完，她便馬上「嗄斯」、「嗄斯」地跳起「嗄斯」舞來。以前我們只看到男山胞的跳「嗄斯」舞，竟不料這時候會有女山胞單跳著「嗄斯」舞，我們之中，有的學會跳「嗄斯」舞，便一躍入大圓圈，圍著那山地老婦人，跳將起來，一時「嗄斯」、「嗄斯」之聲大起，笑聲更是大作，於是那老婦人退了下去。

老婦人似乎不很高興，這使我感覺到我的學生們，不免有點忘形，有點失禮，在山地，對山地人家，那是更須得「言忠信，行篤敬」的。目前的青年們活潑是有餘了，但已失卻了寧靜，知識是大進了，但已減退了敬意，對一切的敬意。這是自從人類叫出了征服自然的口號以後，就慢慢的減退了。

目前的教育，不知「反者道之動」，竟會順著這一路向而下來。像這樣下去，人類精神上的寧靜，一天一天的失墮，只剩下一些行動上的活潑，而手舞足蹈，由軀殼的不斷起念，到軀殼的不斷擅動，這會有什麼結果呢？又像這樣的下去，人類由衷的敬意，一天一天的減退，只剩下一些觀念上的囂張，而不可一世，由自然的不斷征服，到自身的不斷破裂，這會有什麼好處呢？

我從那老婦人的山地的古老歌聲裡，體認出了一種精神上的凝聚，又體認出了他們和她們是有著如何的一種皈依情緒，這實是一位有福的而不會是薄福的老婦人。我後來據村長說：那老婦人的歌是有著歡迎我們來山地的意思，而我們的精神散著，行動浮著，觀念飄著，我們會是如何沒有根器？我們會是如何沒有本源？我們會是如何遠離了土？我們會是如何不識著仁？我們眞是慚愧，我們眞是汗顏，我們有一種深深的時代習氣，就這樣，到頭來便只好讓人間無學，讓青年無教了。

我向晚會裏的山胞，特誌我們的謝意和對他們與她們的尊崇，我告訴山胞種好的果樹和蔬菜，是會有好的結果的，我說我們對這裡的歌聲不會忘，我們對這裏的舞蹈希望能夠有機會再看三看著；大家的再見，會總是有著機會的。

警員很嚴肅，他號召著山胞向我敬禮，這很使我像是無地自容。

很多的歌，很多的舞，繼續在晚會中山現著，大家歡樂得很，可是明天一早我們又須去樟仔林，我們不能不早早休息。

晚會結束時，我發了一點獎品，那是一些肥皀、火柴、糖果和毛巾，那些山胞們所喜歡的。

26. 哈卡巴里系

我們因為自流興至樟仔林路上的斷崖，須另開新路，始能繞過，所以在流興多停了一日，我們就利用這一日去到溫泉路，即哈卡巴里系。哈卡巴里系和流興是同屬於金岳村，那裡只有十二戶人家，但人口有七十餘人，而且很是富足。那裡有大小柑橘樹三千株，每年可以結果的已不下二千株，據說在這已結果的柑橘樹中，有一株最大的柑橘樹每年結果，可達千斤。這大概是台斤，但以台斤計，其收入也就很有可觀了。此外桃樹、李樹和枇杷，每戶平均也有五株至六株，目前他們還想栽種梨樹，他們對園藝的興趣，似比其他的山地部落要濃厚得多。

同時哈卡巴里系的人們對打獵一事，也是能手，據哈卡巴里系的一位青年說：他們每年可以打得到一些鹿，每年二、三十頭，還有熊，也可以打得到一些。又據說：每頭鹿可以賣到三、四千元台幣，這種收入，也是很有可觀的。

他們現在的生活，是以陸稻爲主，地瓜爲副，他們種的小米，多是用來做小米酒，他們每個月喝的小米酒，據說要兩桶到三桶之多。

他們還種植了不少的飯豆、綠豆、苧麻和落花生等，每年都可以賣到一些錢。

他們又養了不少的雞和豬等，吃肉是沒有問題的。更何況他們還有山中所打得的野獸與山禽一類的野味呢？

此外，他們還種香菇，目前大家都正在獎勵種香菇，香菇的利潤也是很好的。

他們日常的消費，至爲有限，其中最大的一筆費用是衣服，以前他們穿著自己織就的粗麻布，現在他們可是穿花衣，用機器織的布了。

我們在哈卡巴里系遇到的一位青年，是臺灣全省運動會馬拉松賽跑的第三名獲勝者，他現在正繼續練習著，他很有雄心，想獲第一，目前他唯一的苦惱是沒有給他練習的地方，山地是不易有一塊大平地的。給他練習著跑步的地方小了，也練習著跑步，便只好老是跑圈子，圈子跑多了，他弄得頭暈。然則他又如何能夠獲勝爲馬拉松賽跑的全省第三名呢？據他說：他一跑就是跑四萬公尺，這便有四十公里了。四十公里要一口氣跑到，又要跑得快，這須要如何的一種練習呢？他個小並不大，健康也似乎平常，並且還顯得有點文雅，他家中自備了一個琴，他還很會彈琴，他的賽跑就只能是全靠他平日在哈卡巴里系那裏一上一下的爬山。

在哈卡巴里系部落裏，差不多家家都有一張琴，他們一方面打獵，一方面釣魚，一方面彈琴，又一方面種果種蔬、種小米、種花生、種地瓜，甚至種香菇等等，更一方面熱心於運動和競技等，爬山是他們日常的散步，歌舞是他們天賦的才能，當平地人鬧著貧困，世人們叫著生活艱苦時，他們卻能常常喝著酒，飽食著野味，並且有的時候還能有餘資貸給人家，同時，他們對錢的觀念和平地人又是那麼不同。較之世人們，他們對錢眞是漠不在乎，甚至還會看不起金錢，他們不願意作的事，你和他們談錢談代價，談條件，是沒有用的。

你和他們說話一不對勁，他們會馬上和你動武。但當你和他們一旦要好了，你可以住在他們的家裏，甚至和他們的妻女同榻而眠，只不過當同榻而眠時，你卻只可以「竿頭絲線從君弄，不犯清波意自殊」，要是你有一點不規矩，那你就會生命難保。這樣看來，在山地儘管物資奇缺，但並未如何像在平地一樣，鬧著入不敷出，更不會如何像在一個不夜的城市裏一樣，鬧著荒淫。這眞是可以給世人們，不斷思量和十分警惕的事體。

在流興部落裏，我們的住處右側上方有一小山徑，我們就從那一小山徑出發，先爬上一個大山頭，在那一大山頭的坡地上，有流興部落裏的人們的墾區，並且還有墾區裏的一個草寮。我們穿出一個竹樹林，才看到那一個墾區和那一個草寮，隨後我們更由那裏向左轉，斜出一個樹林，直下一個大山坡。這一大山坡的坡度大得很，這使我們走下那一大山坡，直像是溜下那一大山坡，我看到一些同學們很高興的溜下去，但溜下去容易，回頭再爬上來就很難了。卻好迎面又來了幾個背著東西的山胞們，我看到他們和她們滿頭是汗地慢慢爬上來，我們知道他們和她們是從哈卡巴里系來的，於是我要一些不善走的同學停下來，不要再前進，我怕他們和她們不能回來，就是回到流興，明天也怕不易再走到樟仔林去，但那些同學們等我走下山坡走得很遠了的時候，又跟了下來。

我們終於穿過一個樹林又穿過一個樹林地下到一個溪澗旁，澗水清而溪石白，從山邊樹林裏下來的陽光，照在溪澗之上，現出異樣的光彩。看看澗水，要涉水渡過去，固然不易，而要從這一塊大溪石跳到那一塊大溪石之上，以越過澗水，也很艱難，但給我們做著嚮導的流興村長，卻先赤著足跳過了澗水，而我們則沿澗水的這一側徘徊了很久，有的人逆著溪流向上走，想找一個較窄處過去，但歸無效，有的女同學們則索性坐在澗水旁，戲著水，還是我和兩位男同學先從溪石上跳過了澗水，而另一位男同學則因跳澗不善之故，而跌入溪水中，一身盡是水。

此外幾位先生和同學或則由人牽著過了水，或是由人扶著跳了澗。還有幾位女同學和那一位墮澗的同學，則由其仍留澗邊，不必過澗，等我們由哈卡巴里系回來時，再一同回流興去。這時我們越過了溪澗，還只能是走了一半路，即由流興到哈卡巴里系的一半路。由那溪澗的另一側，我們又須得從下面爬上去，爬上一個更高的大山頭。

這一更高的大山頭，有些地方，坡度還要大，爬上去自然更吃力，爬到一個地方，我們在道旁一株大樹上又找到了一些石斛蘭，這是另一品種的石斛蘭，因爲有了這一點收穫，就又像減少了一點疲勞。

當我們爬到山頭，見到部落時，我們還聞到琴聲，這就是哈卡巴里系部落裡的琴聲。在那樣一個地點，聞得那樣的一聲聲的琴聲，這使人會有著一種感覺，一種驚奇，從而會有著一種嘆息，那是自然而然的。

我們先在那一大山頭上眺望了一番，看了柑橘樹，又看了桃李枇杷等，再進入一位山地人家，還吃了地瓜照了相。我們送了一點錢作地瓜的代價，山地人是任憑怎樣也不肯收入，我們再三要送，結果，這位山胞竟把大門關上，拒著我們再進入去了。還是那一位青年運動家，瞭解我們的善意，他陪伴著我們，又和我們談了許多話，還把他們種香菇的器具拿給我們看。他已經有了幾位小孩了，那小孩們個個都長得奇美，他的太太也來了，於是我們又合拍了一張相片，我們眞像遇到了一位高士。

由原路而回，回到溪澗旁，又涉水的涉水，跳澗的跳澗，渡過了溪水，並會合了澗旁戲著水的人們。

再爬登大山頭，回到流興，如此從早至晚，只爬了兩個山頭，就費了整整的一日，但因此而能到達哈卡巴里系，見到哈卡巴里系的部落，又見到哈卡巴里系的人們，特別是哈卡巴里系的孩子們，也眞是一種喜出望外的事體。

我們到了流興時，看到了流興的一番好的氣象，我們到了哈卡巴里系時，我們更看到了哈卡巴里系的一番好氣象，這好的氣象的成因，是由於好的人們，加上好的柑橘，好的桃李，好的花生，以及其他的種植，總之是加上一個好的田園，更加上一個好的山水，而並不要再加上其他的一些什麼。

由哈卡巴里系再過去一點，就是溫泉，所以那又被稱爲溫泉路，只是我們卻無時間去溫泉。

27. 樟仔林

古人居夷，每有所悟，我今入山，亦深悟山地是好的，從而水田是美的，水電是有用的，原子能是有力的，人類於今只須以山地爲質，加上水田水電，再加上原子能，其他一切都似乎是不必要的，而且說不定還會是禍根。目前的科學給人類造成了財富，但這財富的本身，卻又眞正給人們製造了奇異的貧困。目前我所到過和所見到的山地人家，雖然在世人們的眼中是物質奇缺，是貧困，可是在那裏卻沒有現代所謂科學所製造的奇異的貧困。當我們一早告別了流興向樟仔林那另一部落而去時，我對著流興凝思著。流興的村長和村長的弟弟以及流興警員夫婦都送著我們，並和我們一同走，直走到那一奇險的斷崖邊，村長和村長弟弟方由那斷崖邊，下到斷崖之下的一個水潭旁，釣魚去了。

我帶了一部分人越過了好幾個斷崖，我們在途中忽然見一些屋頂蓋著青石板的房屋，一排一排地排列在路旁左側的一個山坡上，那式樣和規模並不下於流興，那裏也有派出所，那裏也有國民學校，那裏派出所和國校是在路旁的右側，也是在那山坡的上方，一切看來都是完完整整的，只是草深及屋，屋內寂無一人，這眞是一種淒涼的情景，什麼都沒有變，只是草長了，人去了，雞和犬也隨人而去了，派出所不再有警員，國民學校也不再有孩子們上學了，這會是什麼一回事？空屋無人的事，我也曾見過，但那總只不過一棟或兩棟屋宇，爲了家破人亡，以致如此。

目前這裏所見到的是整個部落，一片屋宇，並且還有機關，有學校，全部是空屋無人，而又草深及屋。以前去到那部落裏的路徑，是被茅草淹沒了，上到派出所的路也是被茅草淹沒了，至於孩子們上學的路，更是深深陷入茅草叢中，連看也看不見了，孩子們是隨著他們和她們的父母或祖父母們去了，那究竟是去到哪裏呢？會是家破人亡嗎？會是部落全破而人全亡嗎？會是經過一大天災，或一大人禍嗎？但一毀滅，會就是全毀滅，不應該一切完整，只無一人，而空留下一個無人的部落，一片無人的屋宇和一塊無人的場所。

像這樣無人的情景，眞使人看來，越看越怕，而且越想越是奇巧，如果是大家遷徙他處，爲什麼就把房屋和家門全都丟下不顧了呢？房屋和家門如此，那會只像是旅行，而不像是遷徙。只不過給我們背行李的一位流興山胞卻終於告訴了我們說：他們和她們以及孩子們甚至雞犬等都是遷徙了，那是遷徙到南溪去了。南溪現在被稱爲新武塔，那是遷徙去的部落，連他們的部落名稱也遷徙過去了，他們把南溪改名，用他們的部落名稱，稱爲新武塔，他們原來的居留地，即是那空屋無人之地，是叫做舊武塔。他們念念不忘他們的部落的名稱，他們可以把房屋全部丟下，但他們卻一定要把他們部落的名稱帶著一起走。這會是如何的富於一種正史意義和充滿著一種歷史精神！

由流興到樟仔林，我們就是過著吊橋，也過了五個。吊橋由兩根鐵索高高吊起，下臨深不可測的大壑，而大壑中又只是一條小溪。有一個吊橋是在兩溪合流處，這便被稱爲合流橋，我們在合流橋的上方，曾去到那溪澗之旁，於是大家便在那溪澗旁的白石之上，戲著溪水，溪水自然是其清無比，而其冷澈骨，但其波又柔和得很。當我們由此而再前行時，我們又渡過了一個梓桐橋，那一帶的樹林好，而樹林中的蟬聲尤好。

突然我們行至一個谷口，我們遙見一片水田。我們入山多日，只見山地。自離寒溪之後，登太平山頂，過獨立山，穿原始林，過金洋，過金馬望，過流興，又過哈卡巴里系，更過舊武塔，其間斷崖無數，吊橋無數，大山大壑無數，墾區無數，一片青，一片青綠，更一片微黃，地瓜無數，花生無數，小米無數，但只不見水田，只不見水稻。及見水田和水稻，一塊一塊的水是那樣平，一層一層的稻是那樣綠，那眞是美好之至。而又和善之至，由水田，你可以聯想另一個人世，由水稻，你可以聯想另一種文明。由大山大壑，你可以聯想著「夏之忠」，由山地墾區，你可以聯想著「殷之質」，而由這水田與水稻，你則不妨聯想著「周之文」。雖然水田和水稻是周以後的事體，但，「郁郁乎文哉」的前塵後影，都分明映入在水田裏，並滲入到水稻中。人類有了水田，眞像什麼都有了。

人類有了水稻，眞像什麼都足了。水田讓擾攪不安的人們定了下來，水稻讓勤勞不息的人們飽了起來，於是嘯遨於春秋之日，吟詠於山水之間，識得天，識得地，識得日月星辰，又識得禽魚草木，也識得他們和她們自己。在天天對著水田，食著水稻的人們，一切像是熟視無睹，所謂「百姓日用而不知」，可是在初見水田和水稻的人們，或久久不遇見了水田和水稻、而一下子瞥見了水田和水稻的人們，則分明一見之下，就會眼爲之明，心爲之清，理爲之得，由此而天地寧，乾坤好，一草一木也都有了性情，有了涵義。唯有在這裡，你方可眞正了然於山地加上水田，水田加上水電，以及水田水稻等再加上原子能，會是一種如何的人類的遠景！

我看到了距離樟仔林不遠的水田和水稻，我眞像看到了一個山地部落必然會有的遠景，這到底是過程，這到底是事實，這是最後的，這是最緊急的，這是最合理的。

隨後我們穿了一個山峽，見到一條溪水，又見到一個部落，溪水在深谷中，部落在溪水的彼岸。我們右轉沿著一個山崖行，崖旁有一水田的灌溉溝，水流淲淲，行至不遠處，一個吊橋橫陳於那一深谷之上，那是在那一深谷的較窄處所，那就是仲岳橋。樟仔林就是仲岳，仲岳是那裏的村名，而樟仔林則是一個部落名。

樟仔林一切都像其他的山地部落一樣，只是加上了水田和水稻，那裏的海拔高處已不到一千公尺，是比流興低得多。

我們在樟仔林的住處，面對一座高山，這使那一晚的月亮從山頭落下得很早，因此也使我們那一晚的晚會結束得很早。我們的住處左側是仲岳國校，在國校前面的大操場上，我們圍坐著，那是那一日到達樟仔林的晚餐之後，我們原只自己會談著自己隊上的事體，和個個敘述著此番到樟仔林來的一路之上的驚險情形。

我們於驚定之後，談吐著，我們又於談吐之後，歡唱著我們的隊歌，卻不料當我們的隊歌唱完之後，便招來了一群樟仔林裏的男男女女，他們和她們竟加入了我們的一群，於是很自然的合併舉行了晚會，我們唱，他們和她們接著唱，而當他們和她們舞了起來時，我們便也學習著舞了，終於輪到他們和她們的「嗄斯」舞，舞到最興奮的時候，兩位山地姑娘竟一位拉著我的右手，一位拉著我的左手，把我從我的座位拉到他們和她們的舞團裡，「嗄斯」、「嗄斯」地大跳了起來，又大笑了起來，至此，我才眞正瞭解了山地人家的風趣和山地裡的一種至性至情。大家眞正是在那裡相忘了，魚相忘於江湖，人相忘於山地，仁者之樂山，又豈非無緣無故麼？

我們在樟仔林的夜舞會，沒有點燃著燈燭，我們在天空之下歌舞著，我們有明月相照，這好過了華燈的照耀，也好過了電燈的通明，這眞像一切不會有更好過這樣的光色，因此也就不會有更好過這樣的情形。空氣雖是低沉，月色也是淡淡，而山中更漸漸有點涼意，但山胞們歌舞時的男高音和女高音，竟像是突破了這一切。

眼前的一座高山，在夜間，那更是高聳雲裡，而山地裡的男高音和女高音，就像一躍而爬登在那一座高山之上，這敦促著天空的明月走近高山，但不料月近高山時，一會兒就走落山後，這使我們終於因此而結束了我們的晚會。自我們看來，那眞是結束得很早，而樟仔林裡的男男女女，走回家中，也似乎有點依依不捨之意，當彼此一聲聲的說著再見時，夜是昏沉了，對著眼前的高山，我又聞到高山一側的溪水潺潺的響，我沉思了一會。第二天我們走了。

28. 武塔

我們由樟仔林將到武塔時，我們赤足渡了一條溪水，那大概就叫做南溪，這使那個地方也叫做南溪。只因爲武塔部落裡的搬到那裡，就把南溪改成了武塔。武塔是一個高山語音，那自然會包含著一個很好的意思，武塔人從舊武塔那塊地方，搬到新武塔——即南溪那個地方，時候並不久。那裡有很多保留地，那原是保留給金洋部落裡的人，搬遷過來去墾植的，只不過金洋人始終未曾搬遷，而武塔人卻先他們而至了。目前南溪成了武塔，而舊武塔則又準備讓金洋人移居，金洋人似乎因此而更不願意遷徙。高山族裡的人，實在有點不願意從高山遷到平地，武塔的人，遷到南溪，就有點不慣，其他部落如碧候和鹿皮等，也是如此。據山胞說，他們不喜歡平地的原因是：

第一、平地多草，這使他們種植了一點東西就須要除著多次的草。

第二、在平地種植須要彎腰工作，這便使他們腰痛了，他們在高山上的大山坡工作時，是可以直著身子鋤土的。

第三、到了平地，他們不明季節，山地的季節，他們是知道的，可是平地的季節，他們就有點模糊不清了。

像上述的三點理由，自我們看來是很有趣的，但自他們來說，這都很重要的。

武塔的人遷來武塔，房屋都是很新的，建築得也很合理，很整齊，中間一條大馬路，路旁都栽植了花木，那都是政府設計的，而且還是政府拿錢蓋的房屋，政府為了想山胞們遷移下來，確曾為他們做了很多事情，而對山胞們的種種優待，如不納稅，不完糧等等，也確使山胞們成了一種特殊的國民。

武塔已是接近著太平洋之濱了，那裏又較樟仔林低多了。這裏有廣大的土地，但大都還沒有開墾，這裡的苧麻長得很好，據說：去年南澳鄉的特作比賽，這裏的苧麻，曾獲冠軍。這裏也栽植了不少的柑樹和其他的果樹，花卉也有一點，只是蔬菜卻栽種得很少很少，他們的花生，栽種得很多，在那裡，每一公頃土地，可產花生二、三千斤之多，他們現在也吃水稻了，他們吃的是一半地瓜一半米，小米在這裏是不易看見了。

我們快到武塔時，我們忽然見到武塔隔著南溪的對面大山上一片大火和大煙，直衝入雲端，山下一片草叢中，也是一片火，這自然是草叢中最初的一星星的火燃燒到山頭的。一個原野裏的火，已是看來足夠熊熊，而一座大山頭的火，其熊熊之勢，更是奇觀，一批打火的人們，焦急不堪，那是山林失火，損失是很大的。我們在路旁佇看了一番，我們相視無語，一個多月以來，我們爬高山，涉濁水，躲颱風，穿原始林，過斷崖，行走於大山大谷之間，我們眞像到了另一種境地，卻不料一離樟仔林，將到接近平地的武塔時，就遇到如此一場大火，眞像進入了一個熱火世界，火光沖天，黑煙又冒得高高的，山中的一番清涼，至此便只得汗下了。猛憶起我家三次被焚，老父老母因之流離失所，汗下之餘，又幾乎淚下。

南溪一岸有一個紀念碑，據說是為一位少女而立的，這少女因為國家的緣故在那裏殉了難，這使山地還流行了一個紀念那少女之死的歌，在樟仔林的晚會中，一位山地同胞還用山地語唱了起來，只可惜我聽不懂山地語，但情調是很淒涼的。

由南溪一岸向武塔部落中間的一條大馬路望去，武塔眞是頗有規模，那裏已可以行腳踏車，通汽車，一直接上蘇花公路。蘇花公路和那一武塔部落中的大馬路，在武塔的另一端相接之後，即由南溪下流上面的一座大吊橋，通至南溪另一岸的大山之側，再右轉而與武塔部落遙遙相對，隨後蘇花公路則蜿蜒而進入一個大山谷，又盤旋而上至一個大山頭，那是以花蓮為終點，而以蘇澳為起點的有名的一條風景線，這一路線的開闢，遠在日人據臺灣之前，那是羅大春開闢的。

在武塔部落中的大道上，那一到武塔時，就看見了一輛腳踏車在那裏行走，久在山中，又久久地爬山越嶺，並看慣了深山大壑，忽然之間，看到一輛小小腳踏車，一個人騎上去，兩足變成了兩個輪子，不斷地轉著，這眞有點滑稽，有點好笑，這像是一種兒戲，又像是一種馬戲。

久行山中，並慣於爬山涉水之後，看到蘇花公路上的汽車，滿載著一批客人，這又好像是初次看到，眞不勝其驚訝之情：好好的一批客人，竟鑽入一個大甲殼蟲裏面去了，這便使我們一到武塔，就像換了三個世界，由一個清涼世界到了一個熱火世界，又由一個熱火世界，到了一個古古怪怪的世界。

在以前，我看到有些山水畫像眞山水，此次久行山中，我更看到一些山水像山水畫。由前而言，那是看出了實質，由後而言，那是看出了精神，在一種精神的實質裏，可以思想得高明，在一種實質的精神裏，可以生活得簡單。一思想得高明，就會有精神的強度，一生活得簡單，就會有實質的純良。所謂腳踏車、汽車以至飛機、火車等等，對沒有精神的強度的人，會眞是一種誘惑，對忽略了實質的良知的人，會眞是一種陷溺。

由武塔過去一點，就是太平洋之濱，於是由一個古怪的世界，更到了一個誘惑的世界，又由一個誘惑的世界，更到了一個陷溺的世界，到今天，竟像只有極少數的人是在高高山頂立，而絕大多數的人，則是在深深海底行。

到今天，大家竟像寸步離不了火車、汽車以至飛機等等，會有誰能眞去瞭解山水，從而瞭解著一種山水畫呢？不能瞭解著天地之美，也就不能瞭解著事物之眞，不能瞭解著事物之眞，也就不會瞭解著心性之善，而在今日，心性是在蒙昧的狀態中，這自然會讓事物失眞而天地失色。我此次久行山中，及至山下，眞恍如隔世，我眞不知道這世界爲什麼會忽然變了樣，在這裡，精神的強度和實質的純良，眞是第一個需要，我們不能讓天地失色，我們不能讓事物失眞，我們就應該有一種心性上的清明和清晰。

我們在武塔部落中，正是全武塔部落裏的人們忙於救火之際，他們終於把原野的火打滅了，他們又終於開了一條火路，使山頭的火不再蔓延，而漸漸趨於熄滅了。

我們住在武塔山胞之家，計分三處，女同學獨住在一處。在那裏，大家像在樟仔林一樣，圍坐於山林失火之後的月明之下，我們隊歌歌聲一起，武塔的山胞們走了攏來，於是又是一個聯歡晚會。我們因故提前結束了晚會，但當我去睡了以後，山胞們又和我一部分的同學另行舉行一個歌舞會，我在睡夢中，還聽到了武塔山胞在山林失火之後的歌舞之聲。

我們在南溪溪水中，洗臉洗身，又漱口洗足，我有一個義齒失落溪中，於是我斷了一股溪水，終於撈起了。

29. 柑子頭，碧候和鹿皮

我們調查了武塔部落的前前後後，又在南溪的彼岸觀看了一番，我們在武塔一宿之後，就告別了武塔。武塔右側的一座大山，三角形，很有點像金字塔，武塔原是一個老部落，但自遷移下山以後，卻一切是新的，又像是還沒有完成。他們部落中有一條大馬路，但找不到一輛汽車，他們現在只是爭備著腳踏車，而當我們離開那裏時，卻只能僱著一輛牛車，運著行李，而我們自己還是步行著，我們在山地行走慣了，到了馬路上，好像不是步行。

我們行到蘇花公路上，不過吊橋，而向另一方面前進，有幾輛汽車，在我們身旁疾馳而過，塵土飛揚起來，這眞使我們進入了塵世。一會兒我們出了谷口，我們就看見了太平洋，我們左轉過了一個橋，再前進，便到了南澳。我們將到南澳時，我們還整頓了我們的行列，我們進入南澳，也就是眞正進入了平地，我們竟像是浩浩蕩蕩的進去。

南澳是南澳鄉鄉公所所在地，頗有些商店，在通過那裏的蘇花公路的兩側。可是說來有趣，公路的右側，即靠太平洋的一側，卻不屬南澳鄉，而屬蘇澳鎮，南澳鄉南澳村是被劃入山地，而蘇澳鎮各個里則是劃歸平地，這裡山地與平地之差，只是一街之隔，其實都是眞正的平地，既已是在太平洋之濱，那還不都是平地嗎？

我們到了南澳以後，雖然住在南澳一共有好幾天，卻是臨到最後才調查著南澳。

我們先由南澳出發，去到了南澳附近的柑子頭，南澳前面是太平洋，後面還是有一座山，柑子頭就在那山之麓，只有十幾戶人家。白天去那裡，人們都出外工作去了，我們只見到一位女孩和幾隻很瘦的狗，有一點點柑橘，桃李也有一點，一切是頗爲冷落，山地人眞像一到平地就冷落起來了。那裏的部落原本是居留在金洋的上方，由於日本人的強迫，方遷了下來，他們下到平地，開始學習種水田，但一直到現在，還種得不很好，而在山地的打獵本領則已放棄了。

由柑子頭去碧候，那是只要走一點點路就到了，但到碧候部落原來的居留地，即碧候溪的最上流那就遠了。

我們離開了柑子頭，沿山麓向左下方前行，穿過了一叢茅草地，見到了一些通草，又見到了一些蓖麻，也見到了一些果樹，隨後我們就到了碧候村的村辦公處，見到了那裡的村長。據村長說：碧候部落由金洋上面搬到那裡，已是二十年了，初搬到那裡的時候，人口有三百多，目前只有一百四十餘人，女的人數要多一點。

在這裡值得我們注意的是：二十年來，人口不僅未增，而且減少了，同時女的人數要多於男的人數，自金洋以下都是如此。上次在太平鄉所見各部落，也大都是這樣。這兩件事，在山地都是應當加以研究的，當我問那村長是什麼原因時，知村長說：人口的減少，主要的是因爲山地人對平地的氣候不習慣，這其實是因爲平地天氣熱、蚊蠅多，而那時候日本人聽其自生自滅，甚至還希望消滅他們，所以他們的死亡率很大。他們下山之後，又不慣於種水田，其他一切，也都不習慣，他們直至今日，都還是覺得山地好，他們以前種果樹也種植得很少，但現在他們對果樹和蔬菜等等，已漸漸知道是重要的了，他們現在對種花生最熱心，去年他們因爲種花生的緣故，每戶多了三、四千元的收入，今年種花生的面積，更是增加了不少。

我們離開碧候時，碧候的村長送著我們，他把他家裏種的香蕉拿了一點給我們吃，可是小得很，味也差。

碧候旁邊有一條溪水，那是要直下太平洋的溪水，這溪水穿過蘇花公路，我們進入南澳時所過的一座橋橋下，就是那條水。現在我們想由碧候去鹿皮，又須得過那條水，但那裏卻沒有橋，於是碧候村長給我們想了一個辦法，使我們沒有赤足涉水，其實，那時候溪水很不小，就是想赤著足渡過去，也是頗有危險的。

碧候村村長給我們想的去到鹿皮的辦法是，牛車渡水，他特別爲我們在他部落裏找了一輛牛車，又從一個小山頭趕下了一隻牛，那是一隻母牛，後面一頭小牛緊緊地跟隨著他。於是我們分批坐上了牛車，村長手牽著牛，就渡起水來了，牛車先在溪床的石塊上行走，顛翻得異常厲害，大家所謂乘牛車，那是站在牛車上，這便使一些女同學簡直站立不住。我站住了，有一位女同學緊緊拉住我，方免於跌落下去。過水時，大家怕得很，但又笑得前仰後合，大概乘牛車渡水，大家都還是第一次。

我們分批乘牛車渡過了溪水，小牛則緊隨著母牛，一時到了溪南，又一時到了溪北，溪水已深及小車之身。

村長趕著牛車回碧候，我們則向鹿皮而行。柑子頭，碧候和鹿皮都是山地部落的名稱，這名稱的來歷，我們都不清楚，只不過鹿皮，也許是由於那部落以獵獲著野鹿特多而本領特佳之故，遂以鹿皮爲部落之名。

由碧候到鹿皮的距離，也是很近的，我們乘牛車渡了溪水之後，走向另一個山麓，就到了鹿皮。在鹿皮那裡可以清楚的望到太平洋，鹿皮的戶口較柑子頭多多了，但較碧候還要少一點。那裏有水田，也有旱地，但因爲山地人們不太會種水田，而花生的價格年來又很是不錯，所以有些水田，竟改種了花生，而沒有種著水稻。水田和水稻不聯結起來，水田的眞正的作用，還是無由發揮的。

鹿皮也頗有一些果蔬，鹿皮的房屋蓋得比金洋流與一帶還要好，遠遠望著鹿皮，鹿皮也確實是一個太平洋濱的美麗的場所。房子由上而下，成行成列地建築著，另有兩棟房屋，則在一個較隱蔽的所在，那裏有一些竹子，頗像一個隱者之家，我們就是在那裏休息著的。

我們在鹿皮休息的處所，是一座新蓋的很寬敞的屋宇，這屋內的主人，種花生很獲得了一些錢，他自己伐著山中的樹木，又把那樹木獨自慢慢的蓋著那一棟新屋，目前雖是蓋了兩年，還沒有完成，但距完成的地步已不很遠。

我在那裏獨自思想著，一切總須得跑進去，又跳出來，一切總須得能受用，又須要能安排。他們跑進了山地，原本在金洋進去很深的南湖大山旁，現在他們又跑出來，可以一眼望到大海洋，他們不會沒有幸福。他們會有一種精神的強度，所以他們對現代的科學，會眞能有所受用。他們會有一種實質的良知，所以他們會很像一個哲人。自己伐木，自己蓋房子，已像是樣樣都能有所安排。眞能給人受用的科學和哲學，才會是人的科學和哲學，而一個人也總要先安排著他一己，並讓科學與哲學眞去幫助他一己而能有所安排，這才是眞的有了知識和智慧。我們在鹿皮休息，忽然一陣大雨，但當我們離去時，雨又停下來了。

我們由鹿皮回到南澳的住宿處，沒有走原來的路，因此也就沒有再乘牛車渡水了。我們走的另一條路是聯接著自武塔至南澳的一段蘇花公路，我們到達那一段公路上，卻好是由武塔到南澳的中途，由那裏去南澳，我們依然是經過了那一座橋，那是一條大路，雖然比較遠，但對我們來時所走的小路而言，那是好走得多了。

在蘇花公路的大道中，我又見了一些疾馳而過的汽車，我因此又想著對現代科學，要能安排，才能受用，而對一般哲學，則要能受用，才能安排。目前科學上的安排和受用，與夫哲學上的受用和安排，都是一件極其重要的事體。

離開了鹿皮，我們就像是已經離開了山地，雖然南澳東岳和澳花都還是有山地部落居住著，被劃入了山地，但那些地方究竟是平地，究竟是大海之濱。

我們這一次跑進了山地一個多月，又跑出了山地，我們跑了進去像是一次超脫，而跑了出來又像是一次超脫。一個人當他不斷地超脫，他總會能夠有所受用，有所安排。對一個現代的人來說：從科學裏跑進去，也須得從科學裏跑出來，如其完完全全做個科學的人，是無由超脫的。同樣，從哲學裏跑了進去，也須得從哲學裏跑了出來，如其孤孤單單做個哲學的人，那也是無由超脫的。不能有所超脫，就將不能有所受用，不能有所受用，就將不能有所安排，以安排著一己，又安排著人世呀。

30. 東岳

由平地跑進了出地，看到山地好，山地深和山地高，但一旦由山地跑了出來，跑來了平地，又會見到平地的美、平地的廣和平地的大。平地固然低，固然平，但低低的也儘有著一番起伏，平平的也儘有著一番開脫，在那裏有山地所沒有的美，在那裡有山地所沒有的廣，在那裏有山地所沒有的大，說到海洋，那也會有一種美，而且其廣已像是無邊，其大已像是無量。但不到山地，你不會眞正識得平地，而不能眞正識得平地，你也就無由眞正識得海洋。在高山大海相輝映中，平地朗然，而世界也就坦然了。世界須得清平，人須得清明，天地須得清寧，必如是，才不會日光無光，而山地、平地以至海洋，總須得長在日月的光明裡。

自登獨立山，穿原始林以後，到此時方乘汽車，經蘇花公路，向北而行，盤旋上到一大山頭，右側就是太平洋，在那裡可以俯視著一個其寬無比的海洋面，隨又盤旋而下，到了東岳，那也是南澳鄉的一個山地部落。這部落現時雖是在海濱，但以前卻是高居在金洋附近的深山中。汽車在蘇花公路上，越過太平洋邊的大山頭，左一個彎，右一個彎，轉來轉去，眞令人有點頭暈，但當你一眼看到太平洋的一望無垠的光景，又設想著我們古書中所載的十日併出的海上奇觀時，你又會爲之神清了。

我們在一個車站下了車，到了東岳，看到東岳已有三分之二的人家，忽然於一日之間成了一片焦土。這一日據說就是我們由金洋、金岳和仲岳一帶，到達新武塔的一天，那時在新武塔那裡是山林失火，而在東岳這裡卻是人家失火。這失火的人家，又據說是大家正在那裡喝著酒，但也有人說是由於那人家燃著爆竹，以致失火，火一燃著，卻好又是一陣風吹來，於是救火也來不及了。那裡的山胞們的房屋，也大都是茅房，燃燒起來是特別容易的，春風先到野人家，而野火又終於燃燒到山家裡。

在車站那裡的蘇花公路兩側，也像南澳一樣是一條街，可是街之西側靠山處是東岳，而街之東側濱海處，則又成了東澳，在東岳是山地的東岳村，屬於南澳鄉，在東澳，是平地的東澳里，屬於蘇澳鎮，僅僅是由於一街之隔，便像形成了兩個區域，兩種人間，甚至兩樣的世界，而有了鄉與鎮之分和山地與平地之別。大火也很奇怪，只燒去街之西部的人家，卻並沒有燃去一棟在那街之東部的房屋。這使東澳和東岳人的心，終未被那一條街隔絕著，因爲東澳里在那時候，已是盡其力之所及，救濟了東岳村，我們一行人，也把我們吃的兩百餘斤的白米，捐贈了東岳村。

我們遇到東岳村的村長，他的新蓋的房屋也全部被燒毀了，他當然有點沉悶，但出乎意外，他並不如何顯得十分沮喪。山地人對財產的觀念，確沒有平地人看得那麼重。我們由那位村長引導著調查東岳的園藝資源，一方面也就調查了一番東岳的災情，那村長指著一大片燒焦了的平地說：那就是他的家，但在那一片燒焦了的平地上，也還有一個灶，又有一點臨時搭起來的避難場。隨後我在那大火燒毀了的其他一角，遇到了兩個八、九歲的小孩，我問他們的家是否燒掉？悶不悶？有一位回答道：已是完全燒掉了，有什愁悶？他們兩人都是東岳國校的小學生，但竟像是小哲學家，用國語回答我的問話，是那麼脫口而出，不費思量，這當然也是反映著山地人家對財產的傳統觀念。

有一個小小的柑橘園，靠近汽車站，也被火燒灼了，有的燒焦，有的燒枯，也有的是仍然活著，葉子還有一半綠。另外有些果樹，因爲大火的緣故，更是不成樣子了。我們走出了火燒著的場所，到達幸未成災的東岳西南一端，那裏還有一些完整的茅屋，和一些破屋，在一棟破屋裏，集合了一批東岳的災民，傳教的牧師爲他們和她們在那裡禱告，在那裏傳道，他更在那裏唱讚美詩，他們和她們都在那裡靜靜地聽，並跟著禱告，跟著唱，這神情自然是很嚴肅的，有些婦人們在那裏還一面餵著孩子們的奶，又一面眼望著牧師的臉，動也不動，一種宗教的情緒，在大災大難之後茁長著，這會是一個很好的說明的場面，只不過在這一場合裡，牧師們的念慮之微處，也很檢點，因爲在此儘可廣佈著上帝的愛，卻絕不可以稍存利用災情的心，就我們說，那就更只能由此悲天命而愍人窮，並由此而識一體之仁和上天之德。

我們隨後又走出災難中的東岳村，到達了一個山頭之側，那裡種植著一些柑橘和其他的果樹與蔬菜，還依然是欣欣向榮，還依然是青青的，這使我們的心稍稍鬆了一點。

我們再右轉前行，更左轉傍一排連翹而走，連翹在這裡長得很高，已成了小樹，並且還一面開花，又一面結著一串一串的子實，像珠子。在那一排連翹盡處有一個山谷，據說裡面有礦，我們在那裡看到一些礦石。

我們由有一些礦石處，又回到了災難中的東岳村，我們在東岳國校的樹蔭下休息著，東岳國校是在東岳村的北角，那裡有一塊空曠地隔著，全沒有著火，因此一切是完好的。我們在那一切完好的所在，遇到了一批人，後來我們才知道他們都是東岳大火後的救災委員會裡的人們，其中有一位還是剛由臺北到來的，這使我們知道了東岳的火災，已引起了各方面的注意。他們對我們捐贈食米於旅途之中，也很表謝意，這反使我們有點難以爲情，我們原本是要幫助那一帶的園藝事業，以改善山胞們的生活的，卻不料這時所能爲力的，只是把一點點的食米救助他們。在這裏，我想起了援天下以手和援天下以道的話，在山地，經濟事業是重要的，但教化也是重要的，因喝酒而失火，或因爆竹而失火，會都是一個教化問題。

在東岳國校的樹蔭下，我們休息了很久，我們還在那裏吃著我們由南澳攜帶來的午餐。

我個人因事由那樹蔭下又走到了東岳和東澳街頭，這自然又要穿過東岳村的那一片災難的場所，我重又到了被燒毀了的村長家屋旁，我見到一位老婦人，臉上藍紋，和金洋、金岳的老婦人一模一樣，她在那露天的爐灶一側，對我說，她的兒子是村長。這才使我知道她就是村長的老母親，她用她知道的一點點的國語和我交談，我像只聞到她說著：「沒有米。」她又一手指著那一臨時搭的避難場，這更使我猛憶起我那三次被人燒毀了的家，和我那已不在人間的老父以及我那遠在天邊的老母了。

災難！會有誰不想到一個災難，不看到一個災難，不聽到一個災難，從而更想到，見到或聞到一個災難的起點以至一個災難的盡頭呢？

東澳因和東岳只是一街之隔，所以我們也去了，我們先到了東澳的國校，遇到東澳國校的校長，他是外省人，他引導我們看東澳。

我們到了東澳的漁民聚落處，那裏有一座媽祖廟，廟前有不少的魚網，我們有些同學在廟前廟內嘻嘻哈哈，我只得暗暗叫苦，不拜媽祖儘可以，但在廟前廟內毫無敬意，總是不應該。

由媽祖廟穿過一個竹林，又經過一個水井，我們遇到一些平地的人家和平地的兒女，他們和她們的生活都靠著海，靠著捕魚，這和山地人家之靠著山生活，並且常常在深山中行獵打野鹿和山豬等，卻好是一個對照。兩方面都生活得自然，生活得堅實，又生活得自在，不消說，兩方面又都會有其生活的不幸和生活的苦楚。當我和東澳平地裡靠著海水生活的兒女們談著東岳村中的災難時，他們和她們都齊聲地回答道：山地的人們現在是有辦法的，而且政府也儘會再幫助著他們，他們只要不喝酒，便什麼都不成問題。看來那些在東澳的平地兒女還更艱苦，只是他們和她們卻儘有其一種對天地、對祖宗和對生活的不可動搖的信念，這使太平洋的浪潮打到他們和她們的身邊，也會自然而然的退轉。

終於我們走到太平洋濱，並可以觸及太平洋的海水，我們在那裏拾著海邊的小石塊，但未能拾著一片小介殼。我們又走到太平洋邊的一個採礦處，那是一個滑石礦，可以做著藥品又可以做著化裝品的滑石礦，我在礦坑入口處拾著一片滑石想帶回家做紀念，但採礦的女工們在一旁不斷地笑。她們隨即告訴我，那是一塊三等的滑石片，於是要我另選了一塊上等的帶回去。這批太平洋濱的女礦工們，也和那批太平洋濱的捕魚爲業的兒女們一樣，生活得自然、自在而堅強。山地人家在高山而漸及平地，而他們和她們則生活在平地而遠及海洋，更深入於山海之間，和山海之內。

我們於傍晚時仍乘汽車盤旋於一個大山頭，隨後回到了南澳。

31. 澳花

我們去東岳，是乘蘇花公路的汽車向北走，我們去澳花，是乘蘇花公路的汽車向南行，對東岳和澳花的兩個部落而言，南澳差不多是一個中心點，不消說，澳花當然要距離得遠一點，那已是在宜蘭與花蓮縣的交界處了。

我們在由南澳去東岳的蘇花道上，看到山與海交織成的一幅美麗的畫圖，太平洋的全般景色，已好像被我們在那裡一眼看穿，但當我們由南澳去澳花時，我們在那一段更爲曲折、更爲險峻的蘇花道上，是更加看到了一幅山與海的交織而成的美麗的畫圖，太平洋的全景，更像不僅被我們一眼看穿，而且還似乎讓我們俯拾即走，太平洋在那裡實在顯得溫和，顯得嫵媚，而又顯得單純，顯得朗爽。月亮會在那裡從山頭落，太陽會在那裏從海上昇，日月照臨在那裡，像眞成了天地的兩眼，於是我們在那裡，也就眞的好像呈現了我們的一心。滿天的星斗會映入那太平洋的海水之中，我們的一心，自然也會深深地被吸引到那太平洋濱的一個山崖之側的蘇花道上了。

我們由南澳出發，仍然先經過新武塔隔一南溪之山崖旁，再轉入一大山谷中，由此盤旋而上，出了谷口，上到山頭，就是太平洋的西岸，我們在高高處，自更可遠遠地望到一片汪洋的大海。

由那大山頭又盤旋而下，下至山腰，於是更在一大山腰中去盤旋，終於我們到達了一個車站，休息了一會。這時大家的心頭稍稍鬆了一下，我們都驚異著在那一段蘇花公路上開汽車的人的本領，如果那開車的漢子稍微怠意了一下，於是車子一翻，翻到太平洋裏，這雖然也可以激起太平洋的一點微波，但一會兒便會是渺無音訊的，大家的生命，在那裏，一方面是在畫圖中，而一方面也不免多少有點在驚險裏。

我們中途休息的那一個車站，名叫白來分站，我們初以爲是一個分站，名叫白來，後來我們才知道那站名叫白來分，而且這名字還有一個來歷：白來分車站高高的在太平洋之上，在那裏望下看是太平洋，向側看是一座大山，一股溪水，又一大片沖積起來的海灘地。溪名是大濁水，而澳花也一名大濁水。海灘地之上方有不少的水田，水田是平地人種的，但地是被劃爲山地同胞的保留地，只能由山胞種植，這便讓那附近的山胞成了一種類以的地主，有權向那裏種水稻的平地人，分得一半的收穫物，於是平地人就稱那地方是白來分，意思是山地人去那裡白白地分著稻穀。

由白來分右轉傍著一個大山崖漸漸地向著一個下坡路而駛著的車輛，不久便到了另一個車站，名叫大濁水。金洋旁邊的碧候溪是大濁水的支流，大濁水是很長的，就在那裏進入了太平洋。那是在一大山峽裏，兩岸都是高山，大濁水南岸一個高山是屬於花蓮，而北岸一座高山則屬於宜蘭。在南岸的高山裏有花蓮縣的山地同胞，那是屬於阿美族，和宜蘭縣太平鄉南澳鄉及臺中縣和平鄉與夫南投縣仁愛鄉的高山族，即泰耶魯族，是兩個習俗卻不很相同的族。

在這兩個族裏，五十年前還有過一次全族的大戰爭，戰場是在臺中縣和平鄉平等村的桃源部落後面一個大山頭，這一大山頭上面有一百多公頃土場，可作牧場，也可作農場。那裡還有一個湖，被稱爲鴛鴦湖，原因是：桃源部落裏以前有一對青年男女，相互熱戀著，可是他們倆的家庭反對他們倆的結合，所以他和她便雙雙地跑上那一大山頭，跳入那湖水中自殺了，湖水很深，兩個屍體都未曾撈獲著，這是那湖水裏的兒女故事。

可是那湖水裏更有一番英雄傳說，就是當阿美族和泰耶魯族全族在那一大山頭作戰時，兩方面作戰都極爲英勇，但結果是阿美族退回到花蓮境內，而泰耶魯族則勝利地俘獲了阿美族的兩位好漢，這兩位好漢的頭終被砍了下來，帶下山去，而屍體則被棄於鴛鴦湖中。至今泰耶魯族人路過那裏，都還不願飲那鴛鴦湖中的水，但這水其實是清而可飲的。

湖四周都是高高的茅草，湖旁還有一株很大的木銓櫟，又有一株大樹正倒在湖中，湖中有魚，魚很大，山胞們有一次用鏢鎗在那湖中的大樹旁刺著一尾大魚，但魚沉湖底，終未能捕獲到手。湖上有一股冷風吹著，人們走到那湖水邊，總覺得有一種陰慘慘的氣氛，這是山地裏的一種愛情和戰爭所交織成的兒女英雄悲劇氣，而很可以憑弔一番的。我看到大濁水的兩岸高山，想到高山族的兩族裏的一場大戰，以及大戰場中的鴛鴦湖，眞是不免有很多的聯想。

在大濁水車站之北，靠一山頭之下，是澳花的上部落，這上部落是由金洋下面四公里處的金馬望遷移下來的。那裏很有一些水田，並有一個水利工程，從山谷的高處，引來一股灌溉用的水，水被儲積在一個用水泥作成的池子裏，水清見底，很像一個游泳池，池中浮了一些蝸牛，伸長著頸子，隨水飄動，被臺灣的東部的農民捉來餵豬。這蝸牛是一位日本人引進臺灣來的，以後這日本人因爲心中不安，所以自殺了，在高山上，蝸牛不多，而由高山跑下來的山胞，卻遇到了這一個大患。

那裡水利工程不大，灌溉水量不多，目前有些水田，因此改種了花生，花生的收入，對山胞們是一種新近有利的收入，在花生田中，我遇到了幾位正在工作的女山胞，她們把孩子們放在路的一側，那是一個乾了的水溝，很有點陰涼，我去到那些孩子們處，孩子們見了我，大一點的對我笑，而最小的一位則驚得大哭起來，並大聲叫著媽媽，於是我只得走了。那澳花的上部落，一些房屋也很整齊，果樹方面，則有些桃李，也有一些熱帶常見的果樹，那已眞正是被劃入山地的平地了，氣候已是很熱了。

大濁水車站之南，是澳花的下部落，這是從金洋上方之無洋遷移下來的，這裡的人家，比上部落少得多。我們由車站那裡走至派出所，又由派山所的後方走進去，調查了一些園藝方面的東西，看到一株蓮霧長得很好而且很大，一位山地姑娘正在樹上採摘蓮霧，包了一大布袋，她分了一點給我們吃，我們想向她買，可是她不肯賣給我們，寧願送贈，像這樣不願買賣的性格，也可以說是山地和平地的最大不同處。

澳花部落由他處遷來，現已二十餘年，以前有水田六十一公頃，若水利辦得好，可以增加至二百公頃，但澳花的山胞至今對栽種水稻的技術，猶未如何學會，他們和她們，似乎還懷念著深山大壑裏。

澳花的村長特別贈送我一種醫治蛇咬之藥，藥名爲「五虎下山」，是由澳花右側的大山中採下來的，那是一種植物之根，據村長說，只要截三寸半長，用米酒四碗，煮成一碗，先喝半碗，餘下半碗，則用來搽蛇咬處，如此可以醫治任何毒蛇咬了以後所施的毒，即使咬後一日服用此藥，仍是有效，有時一次未痊，可以喝兩次，決能治好。村長以此藥給他部落裏的人醫治蛇毒無數，他絕不取人的藥錢，人家要謝他，只要請他喝一次酒就好了，他對此藥祕不告人，因爲一告人，就沒有人請喝酒了。他贈藥給我，那眞是不容易的，他對我們總算是有了好感了。

我們傍晚才由澳花回到了南澳，傍晚的太平洋又是一番景色。

32. 南澳

在南澳，我們因爲工作上的方便，所以以那裏爲中心，向柑子頭，碧候、鹿皮、東岳與澳花一帶而行，我們在那裏早出晚歸，到最後一天，才把南澳村看了一下。

南澳是南澳鄉公所的所在地，也是南澳村村辦事處的所在地，那被劃入山地，其實是平地，只不過南澳村的居民卻是山地同胞占多數，在一百九十一戶中，平地人所占百分數很低。在臺灣的東北角有一個南方澳，那是一個臺灣最大的漁港，那裏的漁民有時還會到南澳海邊來捕魚，同時南澳海邊又不屬於南澳，而是屬於蘇澳，南澳的山胞，目前因爲南澳交通方便，已經和深山大壑裏的山胞有點不同了。

南澳村也很有一些亞熱帶的果樹，那裏還有酪梨，更有不少的番石榴，有一位山胞當我們行經他們的石榴園時，他一定要請我們摘他的番石榴吃，於是我們也就只好白吃了。

南澳村之後有一大片樹林，樹林後面是一個大山谷，谷中是他們飲水的水源所在地，那一帶風光極好，我們穿入樹林，走進山谷，但走了很久，還沒有尋到水源，唯已盡情的領略了那太平洋之濱的一片樹林中的風光和景色，有一位山地的孩子，正在那樹林手裡牽了一頭牛。

我們在南澳是住在一個山地國校裏，山地國校的隔街相對處，還有個平地國校，山地孩子和平地孩子就這樣被分開在兩個國校裏讀書了，我眞不知爲什麼要如此分開起來。

我們的住處前面有一個大操場，我們常常在那裏集會，而當南澳鄉準備開一個盛大的晚會時，有一位山地姑娘還在那裏教我們的同學們唱著歌，她是那山地國校旁的一個縫紉班裡的學生，她以前參加過山地文化工作隊，現在又學習著縫紉了。她是武塔的山胞，名叫呂秋玉，據說長得很好，又很活潑而善交際，曾被稱爲南澳之花，年紀自然還是輕輕的，只是我卻沒有見過一面。她和我的男女學生時常見面，已是頗爲熟悉了。

正是開晚會的那一天下午，鄉公所有一位工作人員對我說：南澳有一山地人服了魚藤水快死了，大家都以的是誤服，或是好玩地服了一些，於是到處找醫生，但結果醫生也束手無策，魚藤毒是中得太深太久了，隨即這一山地人的生命，宣告終結。我起初以爲是一位愛喝酒的山地好漢，後來方知道是一位山地少女，而且是那位南澳之花，她並不是誤服或是好玩地服著一些魚藤水，有如他人所說：她有點古怪，她其實是自殺。她自殺的原因，據說是因爲和一位平地人戀愛，要和他結婚，但父母不同意，而武塔村也不同意，她就自殺了。她還留有一封遺書，說是自殺是沒有辦法的事，希望父母不要爲她悲傷，並且希望能把她所喜愛的衣服伴葬，此外則別無他語。

山地人的出嫁是由新郎背著回家，這一習俗在山地目前雖也有些改革，但已是由來很久了，這正如山地人的死亡，埋葬時是手足靠攏著，作成蹲踞之狀而直埋土中的，雖此俗目前也正改革，但亦是由來很久了。

南澳之花是傾向平地的，她時常和平地人接觸，她交了不少的平地的男朋友，這使她同族中人很不滿意。而平地人亦以此薄之。她會眞像一隻野鹿，頓離深山，於是看到深山以外的事事物物，都很稀奇，她已像是生在一個奇異的世界裡，她想嫁到平地，也許是她不願意再讓新郎背著回家，也許是她不願意將來老死山地時，再被蹲踞直埋土中，但更重要的理由，也許會是由於她的天眞的好奇心境。

她的自殺，竟也像是好奇，南澳的人批評她自殺，說是「好好的不想活，而要去死」，又說：「要活很難，要死就太易了，她是活得不耐煩。」所有這些話，我們當然可以不管，但是她頭一晚還快樂地教我的學生們去唱歌去跳舞，而一夜之後，竟自殺了，像這樣的死，總會是沒有經過什麼考慮的罷。她自殺得像是很奇巧而又很輕鬆，據說她父母聽到她的死訊，也似乎沒有什麼哀傷，至於是否會把她所喜愛的衣服伴葬，則不得而知，但該是沒有問題的了吧。她不留戀著這個人間，卻深深繫念著她的衣服，如僅就此而言，她眞會是像隻孔雀而愛惜著毛羽，只不過她不知道毛羽並不是衣服，像這樣自殺的遺言，特地涉及衣服，聽來眞不免令人迷惘，然則生命又還會是什麼呢？自山地少女的眼中看來，生命雖然完結，但喜愛的衣服卻不能捨離。只不過這世界她卻好輕易捨離了，然則世界又還會是什麼呢？這生命與世界，在她都似乎有其極天眞的想法，這眞會像隻野鹿，初離深山。

當我離開南澳，而回憶著山地好、山地深、山地高時，我對南澳之花頓然凋萎，卻眞有點莫測高深。我曾參加一位山地姑娘和平地人結婚的喜宴，那是在臺中縣的山地鄉，那叫做和平鄉，部落是佳陽，在佳陽這一喜宴中，我看到山地人的敬酒，是要和客人共飲著一個杯子。一杯酒，兩隻口同時喝，於是彼此站立著爭挺起身子，身子愈挺得高，便愈能喝著酒，自外來人看來，那喜宴會是如此稀奇。只不過南澳之花是凋殘了，那已永久不會有著喜宴了。

在南澳，我們又曾到了海邊，並參觀了兩個廟宇，一個是祀著媽祖的，另一個比較簡陋得多的，卻是祀著蘇花大道的開闢者——羅大春氏。我們自然還參觀了那裏的漁場，據說：那是小漁場，只能捕捉著附近的海魚，又據說那漁場的主人曾一次墜海，飄流至高雄，後被救活，但他在海水中已有七日七夜了，這漁場主人的生命竟如此堅強。

我們離開南澳，就去蘇澳和南方澳，更經羅東而回。我們在山地四十日，而回時沿太平洋濱則行了半日，隨後我更和二位先生，三位同學重新去到去年暑期曾經到過的南投縣仁愛鄉與信義鄉，以及臺中縣的和平鄉，凡三個山地鄉，在那三個山地鄉，我們一共又花費三十五日，而且還遇到三次颱風，所以更是艱苦。

最後我們更到了和平鄉朵山部落上面的鴛鴦湖，由那裏橫過一個大山頭到達大堡久，在那遠望著北合歡山，又望著南湖大山，更望著次高山與大雪山，都望得清清楚楚。旋又由環山爬山涉水到達曾由太平鄉經埤仔南鞍部去到的有勝廢墟上，在環山與有勝之間有個地方名百結，在百結的無人行走亦無路行走的大山頭上，我們又爬行了一日，終於又由百結回來了。這眞像是把一切放下了，又把一切放平了。

此書動筆於埔里，繼執筆於霧社，廬山溫泉，水裏坑、羅娜、東勢、稍來坪、谷關溫泉、佳陽、桃源、環山、而於回經佳陽時完成。偷閒作此，作畢下山，時四十五年九月三十日。

NOTE

NOTE

NOTE

NOTE

NOTE

國家圖書館出版品預行編目資料

高山族中：臺灣宜蘭山地之行／程兆熊著. -- 初版. -- 新北市：華夏出版有限公司, 2022.03

面；　　公分. - -（程兆熊作品集；02）

ISBN 978-986-0799-89-7（平裝）

1. CST：臺灣遊記　2. CST：登山　3. CST：旅遊文學　4.CST: 宜蘭縣

733.69　　110022545

程兆熊作品集　002

高山族中：臺灣宜蘭山地之行

著　　作　程兆熊
印　　刷　百通科技股份有限公司
　　　　　電話：02-86926066　傳真：02-86926016
出　　版　華夏出版有限公司
　　　　　220 新北市板橋區縣民大道 3 段 93 巷 30 弄 25 號 1 樓
　　　　　電話：02-32343788　傳真：02-22234544
E-mail　pftwsdom@ms7.hinet.net
總 經 銷　貿騰發賣股份有限公司
　　　　　新北市 235 中和區立德街 136 號 6 樓
　　　　　電話：02-82275988　傳真：02-82275989
　　　　　網址：www.namode.com
版　　次　2022 年 3 月初版一刷
特　　價　新台幣 300 元　（缺頁或破損的書，請寄回更換）

ISBN-13：978-986-0799-89-7
EISBN：9786267134054（PDF）
《高山族中》由程明琤授權華夏出版有限公司出版